Les tranchées

Atelier 10

5101, rue Saint-Denis, CP 60135
Montréal (Québec) H2J 4E1

info@atelier10.ca
www.atelier10.ca
514.270.2010

Nous remercions notre partenaire

Fanny Britt

Les tranchées

—

Maternité, ambigüité et féminisme,
en fragments

Sous la direction de
Marie-Claude Beaucage

Avec la collaboration de
**Madeleine Allard, Alexia Bürger, Annie Desrochers,
Alexie Morin, Geneviève Pettersen et Catherine Voyer-Léger**

Et les illustrations de
Isabelle Arsenault

Documents

Un projet d'Atelier 10

La collection *Documents* est dirigée par Nicolas Langelier et Jocelyn Maclure.

Atelier 10 utilise l'orthographe modernisée.

Direction éditoriale Marie-Claude Beaucage
Édition Nicolas Langelier
Aide à l'édition Jocelyn Maclure et Caroline Paquette
Révision Liette Lemay
Design de la couverture, conception typographique et montage
Jean-François Proulx
Illustrations Isabelle Arsenault

Diffusion/distribution au Canada Messageries de Presse Benjamin

ISBN version imprimée : 978-2-924275-09-2
ISBN version numérique (ePub) : 978-2-924275-11-5
ISBN version numérique (PDF) : 978-2-924275-10-8

Dépôt légal — Bibliothèque et Archives nationales du Québec, 2013
Dépôt légal — Bibliothèque et Archives Canada, 2013

© Atelier 10, 2013

**Catalogage avant publication de Bibliothèque et Archives nationales
du Québec et Bibliothèque et Archives Canada**

Britt, Fanny, 1977-

Les tranchées : maternité, ambigüité et féminisme, en fragments

(Documents)

ISBN 978-2-924275-09-2

I. Titre. II. Collection : Documents (Atelier 10 (Organisme)).

PS8603.R587T72 2013   C848'.6   C2013-942181-5
PS9603.R587T72 2013

Table des matières

À propos des collaboratrices

Madeleine Allard est traductrice, auteure et mère de quatre enfants. Quand ils sont partis, elle oublie un peu ses automatismes de mère : consignes, popote, ménage. Mais après, ça revient.

Isabelle Arsenault est une illustratrice maintes fois primée. Elle espère que ses fils ne joueront pas au hockey.

Marie-Claude Beaucage est réalisatrice à la radio. Elle se demande encore si elle veut des enfants un jour ; il faudrait bien qu'elle se décide.

Alexia Bürger est comédienne et metteure en scène. Récemment, la fille de son amoureux, après avoir appris son âge (36 ans), s'est écriée : «T'es une mémé ou quoi? Si tu te grouilles pas, tu vas avoir un bébé à 49 ans!»

Annie Desrochers est journaliste et mère de cinq enfants. Plus vous lui dites qu'elle est courageuse ou que vous ne savez pas comment elle fait, plus elle risque de soupirer d'exaspération.

Alexie Morin est auteure. La gardienne de son fils lui offre parfois des chanterelles gratis.

Geneviève Pettersen est auteure, journaliste et chroniqueuse. Elle est mère de deux enfants de pères différents (oui, elle aussi). Elle a déjà déguisé son bébé en hotdog.

Catherine Voyer-Léger est auteure et blogueuse. Enfant, elle jouait au Nintendo avec des écouteurs, le volume à *mute,* pour épier les conversations des parents.

Le bonheur, c'est d'être seule dans une pièce,
au milieu d'une maison remplie de gens.

— Antonia Fraser

Pour une maternité ambigüe

«ÇA FAIT QUE T'ÉCRIS UN LIVRE SUR LA MATERNITÉ? C'est pas le sujet le plus éculé qui soit, ça?»

La question venait de Geneviève, à qui j'avais donné rendez-vous pour sonder le terrain, en vue de l'écriture de ce livre. Après la minute de panique que la question m'a inspiré («une minute», très drôle: je panique encore, trois semaines plus tard), j'ai choisi de continuer à creuser ce sillon, et pas seulement parce que j'ai très peur de décevoir Marie-Claude Beaucage et Nicolas Langelier. À travers les lectures, les rencontres et les heures passées à réfléchir au sujet, j'ai bien été obligée d'admettre que malgré l'omniprésence de la maternité-en-tant-qu'aimant-médiatique, il me restait toujours au creux du cœur une confusion, une ambivalence, une conviction honteuse de ne correspondre à rien de ce qui m'était renvoyé.

La conception de la maternité véhiculée par la deuxième vague de féministes (une prison du patriarcat) me mettait mal à l'aise. La maternité intensive, aussi appelée *New Momism* (une béatification par l'extrême dévouement), ne me ressemblait que dans mes névroses les plus poussées—et encore, seulement parce que ces névroses impliquaient de la pâtisserie. La maternité «indigne» (quoi que cela veuille dire) me semblait gommer les nuances du réel au profit de quelques rires—une idée divertissante, mais pas satisfaisante pour les côtés obscurs de ma force. Sans compter la maternité sexy, la maternité punk, la maternité granole, la maternité-qui-dit-que-c'est-comme-la-paternité-pareil-pareil. Toutes ces maternités m'apparaissaient comme des planètes, parfois scintillantes, parfois inspirantes, parfois déplorables, mais toujours des planètes : lointaines, étrangères.

La réponse est venue comme seules les vraies réponses savent le faire : par hasard. Je niaise — la réponse est venue de Facebook, comme d'habitude. En l'espace de quelques jours, deux statuts écrits par des mères incluaient le même mot : *tabou*.

L'une évoquait son choix de concocter une préparation pour nourrissons maison, l'autre évoquait sa hâte que ses enfants reprennent le chemin de l'école après un été mouvementé. Les deux mères traitaient de ces sujets avec légèreté et humour, mais toutes deux avaient quand même choisi de les associer au tabou. Ces deux femmes sont brillantes, et rien ne me porte à croire qu'elles soient mythomanes. Si ce qu'elles choisissent ou ressentent leur apparait comme relevant du tabou, c'est forcément que quelqu'un, quelque part, leur a fait savoir que ce qu'elles ressentaient était répréhensible, ou que leur mode de vie était radical.

Sur le coup, je suis restée perplexe. Après tout, qui pense vraiment que cette femme, plusieurs fois mère, puisse mettre la vie de son enfant en danger en substituant le lait de chèvre au Similac ? Et le sketch du parent content de voir arriver la rentrée n'était-il pas au cœur d'une campagne publicitaire de Bureau en Gros, il y a quelques années ? Comment des choix ou des sentiments aussi naturels (en tout cas, à mes yeux) pouvaient-ils susciter chez ces femmes la distincte impression qu'elles étaient au mieux marginales, au pire monstrueuses ?

Ma réponse, qui n'est que la mienne — et je ne suis ni essayiste, ni polémiste, ni même journaliste —, c'est que nous manquons cruellement de tolérance par rapport à l'ambigüité. Comme les anxieux chroniques souffrent d'intolérance à l'incertitude, il y a dans la maternité actuelle un rejet de l'ambivalence qui me peine et me révolte. Si l'on n'est pas la sainte mère, on est la mère indigne. Si l'on aime nos enfants d'une fièvre éperdue, on ne peut pas ressentir également, et parfois dans la même seconde, l'urgence de *crisser son camp* au bout du monde. Si l'on considère nos enfants, ou notre vie de famille, comme l'élément central de notre existence, on ne peut pas avoir aussi des velléités professionnelles ou amoureuses prenantes.

Mais qui détermine ça ? Qu'est-ce que ce manichéisme cache, sinon une peur crasse de l'ambigüité ? Avons-nous — non, je reprends : *ai-je* besoin de savoir avec précision qui je suis et ce que je revendique, pour avoir le droit de le revendiquer ? Se définir hors de cet impératif binaire, ça ressemblerait à quoi ?

Alors voilà. J'ai voulu continuer, pour tenter de le savoir. Pas une mince affaire, parce que lorsqu'il est question de maternité (et ici je revois le sourire bienveillant-mais-pas-sûr-pantoute de Geneviève), on se retrouve très rapidement immergée dans les idées reçues. Les images de la maternité naissent dans le cliché *(Communion ! Souffrance ! Délivrance !)*, vivent de clichés *(Main sur un front fiévreux ! Claque en arrière de la tête !)* et meurent sur un cliché *(Elle ne m'a jamais dit qu'elle m'aimait !)*. Si l'on veut s'aventurer ailleurs, loin des pôles ange/démon, il faut avancer prudemment, faire confiance aux histoires qui émergent, et espérer qu'elles forment, au bout du compte, un tout un peu cohérent.

Je m'y risque donc ici, à coups de souvenirs, de récits, de conversations, d'impressions de lecture et de sagesse trouvée dans les paroles de tounes.

Je me risque à un genre de plaidoyer pour l'ambigüité.

Un plaidoyer qui, en plus de correspondre à mes observations, tentera également de correspondre — ô bonheur si l'expérience se révèle commune — aux observations d'autres femmes. Et alors, ces tranchées (celles du champ de bataille comme celles du ventre) n'auront pas été creusées en vain.

PS—Ce livre ne porte pas sur les pères. Parce que je parle d'abord de mon expérience, et que je ne suis pas un père. Et parce que parler des pères, c'est adopter d'emblée un point de vue hétéronormatif. Sans vouloir être inutilement compliquée ou tomber dans une sensiblerie toute politiquement correcte, j'aime penser que le rôle maternel n'est pas un rôle exclusivement féminin. Je parle d'anxiété, je parle de responsabilités, je parle de névroses, je parle de liberté. Et tout ceci s'incarne, cette fois-ci, dans la figure de la mère.

Dialogue avec ma mère

— MAMAN, T'AS LU ÇA, *Dialogues avec les mères?*
— Oh, que oui! Tout le monde lisait ça, dans le temps.
— Bruno Bettelheim, c'est vraiment un insupportable patriarche de marde, hein?
— Je sais pas, moi, ça m'avait aidée.
— Heille! Un moment donné, il se met à expliquer que les bisous à nos enfants, c'est une agression pour eux. C'est une imposition, à tout le moins, ça les érotise avant le temps. Pis il finit en disant qu'on «ne transmet pas notre amour quand on embrasse nos enfants, mais qu'on transmet plutôt qu'on est des narcissiques pervers essentiellement incapables de s'empêcher de se donner en spectacle». *In a nutshell*, genre.
— C'est pas aussi charmant que tu penses, insérer autant d'anglicismes dans ton vocabulaire.
— Je peux pas croire que tu m'as élevée sur les conseils d'un rétrograde de la pire espèce, tellement paternaliste avec les femmes que c'en est gênant pour l'ensemble de la féminitude occidentale. Je veux dire, crisse, même le sous-titre du livre est condescendant: «Première tâche: éduquer les parents.» Pis évidemment, à part les deux-trois pères de service dans le livre, c'est les mères qu'il veut «éduquer», le vieux sacrament.
— …
— Ça t'avait aidée avec quoi, au juste?
— Ben, dans le livre, une des mères s'inquiète des affinités

évidentes que sa fille a pour tous les colifichets, gugusses féminins, poupées, dentelles, machins roses, en tout cas, pour tout ce qui est perçu comme traditionnellement féminin. Ça la faisait capoter parce qu'elle était féministe, pis elle avait l'impression que si elle permettait à sa fille de triper chiffons, elle tuerait son féminisme en devenir.

— Tu t'identifiais à ça?

— Ben mets-en. Tu t'es pas vue, à quatre ans? Tu te mettais des jupons de satin sur la tête pour en faire des voiles de mariée pis tu faisais la crise pour aller prendre la 80 du Parc habillée de même. Y a rien qui t'intéressait plus que les robes pis les chapeaux pis les colliers pis les sacs à main. Fallait te *checker* constamment, tu volais du vernis à ongles chez Jean Coutu, sinon.

— *Une* fois, pis j'avais même pas fait exprès.

— Me semble.

— Pff.

— Je m'identifiais à cette mère-là certain! Moi aussi, j'avais peur de ça.

— Pis qu'est-ce qu'il dit, le vieux maudit, à propos de ça?

— Il répond à la mère: «Est-ce que votre mère était féministe?» Pis la mère, évidemment, est crampée: «Pas du tout!» Pis là Bettelheim répond: «Elle vous a donc élevée avec tous les préceptes de la féminité traditionnelle. Ça ne vous a pas empêchée de devenir ce que vous êtes devenue. Ce n'est pas parce qu'on aime le rose qu'on ne peut pas être féministe».

— Ah...

— C'est ça, *in a nutshell*, genre.

— OK...

— Héhé. Tu parles moins fort, là, hein, Gloria Steinem?

— Il est quand même condescendant, le vieux câlisse.

— Tu pourrais dire tout ça avec 50% moins de sacres, tu sais.

Bons baisers du postpartum I

30 septembre 2009, 12 jours après la naissance
de Fils deux

C'EST QU'IL Y A UNE SOLITUDE. Une vague, une houle, comme une peine d'amour. La naissance est un deuil aussi. Je suis, ainsi, prise d'une étrange langueur. À la fois il est doux de veiller Polipol, d'écouter son souffle et ses petits bruissements et fouissements de petite bête pas toute cuite—à la fois je traverse tout le jour une solitude pas éprouvée depuis longtemps. S. va travailler quelques heures (bon, huit, mais qui compte?) et je me sens hagarde de manque, j'erre dans la maison sans qu'aucun des réconforts habituels ne «fassent la job»: la télé m'ennuie, l'internet me mine et il semble qu'il soit beaucoup trop tôt pour me remettre au travail. De toutes parts, on m'encourage à rester hors du temps, à plonger au fond du lit avec le petit et à me délecter de ce «temps de la naissance». Et moi, je suis habitée par la pressante envie que le temps passe un peu plus vite, que S. rentre à la maison avec D., qu'on se noie tous dans cette apesanteur. Qu'ils me sauvent, mes trois scaphandriers, qu'ils me remplissent d'antisolitude.

Mon Dieu, quel gouffre d'amour ai-je ouvert en donnant naissance une nouvelle fois!

Eau de Pathos

DEUX FEMMES, jeunes pour 2013, un peu vieilles pour 1963.

Elles boivent de l'alcool, comme dans les séries web, les films de filles, les films de gars, les romans américains, les romans français et la vraie vie.

— Peut-être que j'en aurai pas, finalement.

— Ben oui.

— Non, sérieux. Peut-être que je chiale que j'en veux depuis tellement longtemps que j'ai oublié de me demander si j'en veux vraiment. Peut-être que tout ça, c'est le destin. Que je suis pas censée en avoir parce que je serais totalement incompétente pis que c'est pour ça que ça arrive pas.

— T'as 32 ans. Pis t'es célibataire. T'as encore beaucoup de temps.

— Trente-trois, tabarnak.

— Bou-hou, crisse. J'ai 38, moi. Pis je suis encore plus célibataire que toi.

— Comment ça, «encore plus»? Ça se quantifie pas, ces affaires-là.

— Attends cinq ans. Tu vas voir que ça se quantifie en crisse, au contraire.

— *Anyway*, je suis jamais tombée enceinte.

— Moi non plus. Je l'ai pas eu, l'avortement à 25 ans qui m'aurait rassurée sur ma fertilité.

— Pis de toute façon, infertilité ou pas, si y'a personne pour me fourrer, j'en aurai pas de bébé.

— Amen, *sister.*

— Non mais c'est vrai. Faire des enfants, c'est d'abord, c'est *sur-tout*, une affaire de couple.

— Moi, je suis à quatre-cinq mois de faire ça toute seule.

— Pour vrai?

— Tu les as pas lus, les articles? Notre fertilité qui décline à partir de 25 ans pis qui devient pratiquement moribonde après 35? Non non. Soit je me fais un chum, soit je convaincs un gai, soit je prends rendez-vous chez OVO.

— Je pense qu'avec les derniers chums que t'as eus, l'option du gai est la plus gagnante.

— Juge pas mes chums. C'est pas facile, vivre dans les basfonds de Réseau Contact.

— Pis si on veut pas faire des enfants toute seule, ça veut-tu dire qu'on veut pas vraiment être mère?

— Je pense juste que c'est normal d'envisager la maternité dans un contexte amoureux. Pis aussi, on va se le dire: c'est pas mal plus dur toute seule.

— De toute façon, moi, je suis sure que je suis stérile, pis la seule chose que la pilule a fait tout ce temps-là, c'est me *fucker* la santé vasculaire.

— Pourquoi tu serais stérile?

— Parce que c'est tout ce que je mérite.

— Bon, ça recommence.

— C'est surement pour ça que j'ai pas de chum. Je dois dégager un genre de parfum de désespoir.

— *Eau de Pathos.*

Elles rient un peu, quand même, mais pas longtemps.

— Y a pas d'autres bulles?

— Dans le fridge.

— *Coolio.* On va trinquer à notre liberté, pis à notre rébellion par rapport aux modèles féminins traditionnels.

— Rébellion, schmébellion.

— C'est pas beau quand tu joues à la Juive new-yorkaise.

— Non mais c'est vrai. Nos amies qui ont des enfants pensent qu'on «défie le patriarcat» tous les soirs de la semaine, mais la vérité, c'est que la plupart du temps, je me couche avec une hostie de chape de plomb sur le cœur, pis que je passe mes nuits à me débattre avec mes questions de marde, à me demander où-quand-comment je vais trouver la porte qui mène à la vie signifiante que je suis supposée mener pis que je mène visiblement pas, vu que partout où je regarde, on me montre qu'une vie signifiante, ça inclut des enfants.

— Pis le pire, c'est qu'on n'angoisse même pas sur des problèmes qu'on a. On angoisse sur des problèmes qu'on pourrait avoir.

— De la maudite angoisse de privilégiées. On est dégueulasses.

— Dans le fond, je pense que j'essaie une nouvelle posture morale. Comme un *back-up* pour l'âme. Je m'imagine arrêter d'avoir envie d'être mère, je m'imagine inventer complètement un autre système de valeurs, un système qui privilégierait la liberté, les voyages, les enfants des autres, pis je me teste, pour voir si ça me fait *freaker*.

— C'est toujours une bonne idée de visualiser, pour dédramatiser. Quand j'avais 20 ans, mon psy béhavioriste me faisait raconter ma mort — ou en tout cas, comment je percevais ma mort — pis me demandait de m'enregistrer en train de la raconter, pis me demandait ensuite de me réécouter au moins dix minutes chaque jour pendant une semaine.

— Fait que quoi? Faudrait que je m'enregistre en train de raconter comment je projette mon existence si jamais j'ai pas d'enfants?

— «J'ai une carrière enviable, où je m'accomplis pleinement...»

— «Je ne suis enchaînée à personne, et personne ne s'enchaine à moi...»

— «Je n'ai pas besoin de rééducation du périnée...»
— «... mais j'ai des risques accrus de cancer du sein.»
— «Je deviens éventuellement la belle-mère des deux ados d'un quinquagénaire fortuné.»
— «... ou je remporte le prix Pulitzer pour mon premier roman, et j'apprends la nouvelle depuis mon bureau au département de littérature de l'Université de Berkeley.»
— C'est bon ça.
— «Les enfants de mes amis me trouvent fantastique et me parlent en mal de leurs parents...»
— «Je sais qui je suis.»
— «Je ne suis pas une mère, et c'est tant mieux.»
— «Je ne suis pas une mère, et c'est tant mieux.»

Elles ferment les yeux un moment, très court moment pendant lequel elles se voient telles qu'elles ont été jadis lorsque, adolescentes, elles se sentaient dans un état de seuil perpétuel, au bord de quelque chose, au bord de tout.

Corps enfantés, corps enfanteurs

Écrire à Catherine Voyer-Léger

Fanny

Récemment, Catherine, tu as écrit : «Est-ce à dire que le corps des femmes, qu'il soit prostré comme celui d'une Québécoise ou confiant comme celui d'une Haïtienne, ainsi que le désir qu'il peut provoquer, demeurent des enjeux de discussion publique possibles ?»

Tu parlais d'un autre sujet — la sexualité projetée ou réelle d'un corps de femme sur la place publique. Mais tout de suite, ça m'a frappée : oui, il y a une notion de propriété collective sur le corps des femmes — propriété qui n'a jamais été et ne sera sans doute jamais aussi notable à l'égard du corps des hommes. Et dans ce phénomène, il y a cette sous-tendance, exacerbée en Occident depuis quelques années, à scruter à la loupe le corps enfanteur et, de manière encore plus rigide, le corps postpartum. J'y vois une sorte de spécialisation de la névrose : *baby-bump, baby weight, bump fashion, hip mama, post-baby debut* (cette dernière expression me glace tout spécialement le cœur, le choix de *debut*, ce mot évoquant les robes blanches des bals de débutantes, sorte d'entrée dans le monde des filles les plus fortunées de la planète, détourné ici pour parler de l'état d'un corps de femme quelques semaines après l'accouchement et qui commande, sans aucun doute possible, une sorte de «robe de bal» de chair, pour tordre l'expression de Nelly Arcan, sous peine d'être recalée, de renoncer à l'état souhaitable de princesse et de se voir reléguée à celui, méprisable, de femelle usagée).

Cette robe de bal, c'est un ventre plat, tendu, sans marques (celles que j'appelle cicatrices pour me cacher leur vraie nature de vergetures), sans replis, sans aucune trace du passage de l'adorable bébé de lait que la princesse tient sur sa hanche. Cette robe est faite de tonus musculaire et de sexualité tous azimuts, elle est un cintre à bikini, avec des seins parfaits, élégants, pas trop gros.

Une spécialisation de la névrose, donc. Mais encore? Pourquoi cette obsession de la «grossesse en beauté»? Est-ce une répercussion du *New Momism*, cette bouillie postféministe qui nous a jetées dans la maternité de performance depuis le début du siècle? Est-ce une autre façon d'asservir le corps des femmes à un tribunal constant, une autre façon d'ouvrir la brèche de l'inadéquatitude (je ne lâcherai pas ce non-mot, jamais) en chacune? Et on fait quoi, avec ça?

Catherine

La première chose qui me frappe dans ce que tu me dis, c'est comment nous sommes fortes, entre nous, pour ramener constamment notre corps à un enjeu public. C'est-à-dire comment nous avons intériorisé l'idée selon laquelle notre corps est un enjeu public et comment nous acceptons trop souvent de jouer ce jeu (en nous comparant, en nous dénigrant, en posant de façon récurrente notre apparence, nos victoires et nos défaites sur notre corps, au cœur des conversations).

C'est vrai aussi de la maternité. Au lieu de la cacher, nous en sommes aujourd'hui fières, mais fières dans ce que j'appellerais une *obligation de fierté*. Il *faut* aimer son ventre, il *faut* le montrer (et ensuite s'assurer de le perdre le plus vite possible). De même, le jugement constant sur les habitudes de vie des femmes enceintes m'horrifie. Je ne nie pas qu'il y a des habitudes plus saines que d'autres — mais pour une femme enceinte, l'obligation des habitudes saines vient du fait qu'elle porte un enfant. On la ramène donc à son rôle de mère porteuse. Encore pire, la pression pour l'allaitement me semble encore une prescription de ce que la femme doit faire de son corps et de la façon dont elle doit l'utiliser.

L'autre chose qui me frappe dans le rapport des femmes à la maternité, c'est la recherche constante d'une seule vérité, applicable à toutes. Je remarque souvent que les femmes vont affirmer par rapport à leur maternité des choses du genre : «Les femmes disent qu'être enceinte, c'est le plus beau moment de leur vie, mais c'est n'importe quoi!» ou «Contrairement à tout ce qu'on dit, c'est pas si pire, l'allaitement!» Il semble chaque fois nécessaire de poser son expérience personnelle comme étant une nouvelle norme (les autres mères idéalisent, les autres femmes enceintes exagèrent, etc.), comme s'il n'était pas possible que la maternité soit chaque fois une expérience unique.

Évidemment, je n'ai aucune autorité pour parler de cela, mais il me semble que la maternité est une expérience profondément individuelle et très difficilement comparable. J'irais jusqu'à supposer qu'une partie de son caractère unique tient justement au fait que c'est une expérience corporelle intense. Les femmes vivent leur maternité différemment parce qu'elles l'accueillent chacunes dans un corps différent. Mais en plus, comme le rapport au corps est quelque chose d'extrêmement intime, très peu verbalisé et pétri de non-dits, la maternité est un terreau fertile pour des expériences émotives qui ne peuvent sans doute jamais servir de barèmes communs. Qu'est-ce qu'une maternité *normale*? Un truc aussi rare qu'un rapport normal au corps, j'imagine.

Fanny

Le problème, peut-être, c'est que la maternité normale n'est plus seulement, justement, normale. On ne peut plus se «contenter» (je mets entre guillemets parce que c'est déjà énorme) de fournir nourriture, sécurité et chaleur à nos enfants. Il faut aussi être *créative*. Elle fait des biscuits! Elle invente des rangements optimaux! Elle multiplie les stratégies de diversion inventives et ludiques! Elle se révèle un puits sans fond de répliques assassines/inoffensives à l'égard des ennemis de ses enfants! Le jour, elle bricole des projets écolo-artistico-passetemps tellement gorgés d'imagerie Pinterest qu'elle n'a aucun remords, le soir venu, à se descendre une bouteille de vin avec son chum pendant que les enfants jouent à des trucs douteux sur la Xbox! La mère créative n'est qu'une autre variante de la mère parfaite. C'est la mère parfaite pour les cools. Mais elle colporte la même pression, la même étroitesse de modèles, le même impératif de juger de sa valeur selon le nombre de «J'aime» qu'elle reçoit sur Facebook. Dans ce contexte, la créativité devient une formule creuse comme toutes les autres, et dans la vraie réalité de l'expérience humaine, elle se révèle aussi utile qu'une paire de ciseaux du Dollarama.

En même temps, la projection est inévitable, non? Avant d'être mère, j'avais une idée très nette de la mère que je voulais être. Cool et autoritaire, détendue et alerte, porte ouverte à tous les amis, porte fermée aux attentes démesurées. Jamais complaisante, mais toujours aimante. Et belle, faut-il le mentionner: su-per-belle.

Le modèle fut mis à rude épreuve dès l'arrivée de mon premier bébé. Cool? Juste après huit heures de sommeil ou un verre d'alcool. Autoritaire? Ouais-wof-pas-vraiment. Détendue? Voir *Cool*. Alerte? Toujours, sans oublier inquiète, insomniaque, paranoïaque et survoltée. Porte ouverte? Ça, j'avoue, oui, ç'a toujours été vrai, pour les grands comme les petits. Les attentes démesurées ? Elles se sont fait construire des portes de grange, tellement elles sont grandes.

Pourtant, il me semble que mon idéal maternel est sain. Il est bon d'aspirer à quelque chose, pour nous-mêmes, d'un point de vue humain. Non ? On aspire à écrire, on aspire à la reconnaissance, on aspire à l'amour. C'est un énorme cliché, cette idée que lorsqu'on réussit ses enfants, on réussit sa vie. Mais ça demeure vrai pour bien des parents, non ? S'agit évidemment de ne pas se fourrer entièrement sur le sens de « réussir ».

Est-ce que tu te projettes, Catherine ?

Catherine

Bien sûr que je me projette (en fait, j'ai la conviction que tout le monde se projette). Je me visualise, même. Parfois je parle toute seule à un enfant que je n'ai pas (de manière générale, je parle beaucoup trop souvent toute seule). Je dirais que je me projette en trois personnages.

Je me projette enceinte-et-amoureuse. De moins en moins, cela dit, mais parfois j'ai un sursaut d'attentes. Je me dis qu'il n'y a pas de raison que ça ne m'arrive pas. (Je ne me dis jamais, par exemple, que j'ai « tout mon temps ». Je déteste les gens qui me disent que j'ai tout mon temps. Ça m'énervait déjà à 16 ans, mais là, sérieux, à 34 ans, tu ne peux pas dire à une femme qu'elle a « tout son temps ».)

Souvent, je me projette enceinte-et-célibataire. J'imagine très bien mon corps enceint. Donc j'aime ça, penser à ça. Mais dans mes projections enceinte-et-célibataire, il y a toujours un moment où il faut que je me justifie. Je me projette donc souvent enceinte-et-célibataire-et-frustrée-d'être-en-train-de-me-justifier-de-faire-un-bébé-toute-seule.

Et des fois, je me projette en mère adoptive. C'est bizarre, parce que souvent je me projette en mère d'un garçon, mais quand je me projette en mère adoptive, c'est toujours une petite fille. Une petite Haïtienne.

Et puis je t'avoue que de plus en plus souvent, je me projette en un nouveau personnage: la femme qui a accueilli le renoncement. Je me projette écrivaine, voyageant, meublant ce vide intense de mon intimité familiale. Mon absence de famille, quoi. Je me projette orpheline de famille, mais heureuse quand même (sachant que je n'arrêterai jamais de penser «quand même»). Mais complètement libre de mon temps, de mon mouvement. J'arrive à me projeter là-dedans, mais pas sans douleur. Pas encore. Je ne sais pas si un jour ce sera possible.

Je ne sais pas si on réussit sa vie lorsqu'on réussit ses enfants. Je regarde mes parents, et même si je crois que les deux diraient que je suis ce qui leur est arrivé de plus beau, je ne suis pas certaine qu'ils en tirent la conclusion qu'ils ont réussi leur vie. En tout cas, il me semble qu'un enfant réussi peut aussi être un baume sur une vie qui t'a passablement déçue.

Pendant un temps, je voyais une psy qui disait que je voulais des enfants pour les mauvaises raisons. Je n'étais pas d'accord, simplement parce que je trouve qu'il n'y en a pas vraiment, de bonnes raisons de vouloir des enfants. Je veux dire, en quoi la raison la plus commune («on s'aime donc on fait des enfants») est-elle une bonne raison? Je veux des enfants parce que j'en ai envie, parce que j'ai la conviction d'avoir quelque chose à offrir.

Un jour, un gars à qui je disais que je pensais avoir un enfant toute seule s'est choqué en me disant que je chosifiais les hommes. C'était étrange, parce que moi, je vois ça comme l'exact opposé. Pour moi, dire: «Je peux avoir un enfant seule», c'est désolidariser mon rêve d'amour et mon rêve d'enfant (évidemment, j'aimerais mieux que ça aille ensemble, mais je peux envisager que ce ne soit pas le cas). Mon envie d'avoir un enfant ne me fait pas chercher un homme à tout prix pour combler cette envie-là, puisque je sais que je peux en avoir un toute seule. Je cherche un homme pour être en amour. Point. Souvent les gens m'ont dit: «Mais si tu as un enfant toute seule et que tu rencontres quelqu'un après?» Mais en quoi ce serait différent des familles reconstituées? Plus je vieillis, plus mes chances de rencontrer un gars qui a déjà des enfants sont grandes. Qu'est-ce que ça changerait que j'en aie eu un toute seule?

La seule chose que ça changerait, pour l'essentiel, c'est le rapport au temps (entre autres au temps d'écriture). Avoir un enfant toute seule, c'est ne plus avoir de temps seule. Mais ce n'est pas ça qui me freine le plus. Ce qui me freine le plus, c'est le renoncement que le geste symboliserait. Comme si chaque fois que je m'arrête pour me dire: «OK, maintenant?», je pense: «Voyons, tu vas rencontrer quelqu'un cette année. Ça ne peut pas continuer à ne pas arriver.»

Je m'étais dit: «À 30 ans»; 30 ans est arrivé vite en chien. Alors je me suis dit: «Quand j'aurai fini de payer mes dettes»; ça m'amenait à 37 ans, mais là, j'ai l'air partie pour payer mes dettes plus vite que j'imaginais. J'ai juste peur d'arriver à 40 ans sans l'avoir fait et de le regretter longtemps.

Bizarrement, j'ai souvent pensé que oui, ça m'obligerait à diminuer le rythme de mes activités intellectuelles. Mais il ne m'est jamais venu à l'esprit que ça me forcerait à arrêter d'écrire. Pourquoi?

Fanny

Parce que ça ne te forcerait pas à arrêter d'écrire. D'accord, au début, tout est un brouillard, tout est humide et caniculaire et affolé et éperdu, et alors on n'écrit pas des masses, on coule de partout, on se déverse de larmes de sang de lait d'amour, mais bien vite—si vite et, en même temps, après mille éternités—l'air se dégage, le soleil se lève à la même heure pour nous que pour le reste du monde, on ferme quelques champlures et, de façon générale, on continue, on change très peu. Tu écris depuis toujours; tu continueras à écrire. Les bébés font des siestes. Les bambins vont à la garderie. Les enfants vont à l'école. Tous se couchent généralement assez tôt.

«Diminuer le rythme»: peut-être. Je préfère penser que je maintiens le même rythme, mais dans moins d'activités. Par exemple, je suis une femme de théâtre qui va très peu au théâtre. La vie de famille, la vie d'écriture, la présence d'amis précieux, la vie intérieure (il ne faut pas la sous-estimer, cette vie-là qui me pousse à la solitude et au mutisme, celle qui me fait me vautrer dans les livres et fuir le monde, fuir *le milieu*, et qui fait répéter à mon chum, des dizaines de fois par semaine, «Ça va? Qu'est-ce qui te préoccupe?» en voyant ma face de victorienne affligée): voilà ce qui compte davantage pour moi que d'être au fait de tout ce qui se produit à Montréal sur la scène théâtrale. D'aucuns diront que c'est répréhensible, qu'on ne doit pas se réclamer d'un milieu auquel on ne participe pas activement. Mais je dois dire que je n'arrive pas à me sentir très coupable de ça (un peu, tout de même, et parfois un peu triste d'avoir manqué tel ou tel *happening)*—ce choix est conscient et serein. Je ne sais pas si ce choix est couillon, ou engourdi, ou bourgeois; je sais, cependant, que ce choix me ressemble.

Aimer des enfants aimer un homme faire à souper aux amis écrire dormir craindre la mort. Ça me ressemble, pour le meilleur et pour le pire.

Rien ne dure

RAMON ÉTAIT ASSIS SUR LE SOL de son grand appartement parisien, à la fois noble et décati, boulevard de Clichy. Je ne l'avais pas vu depuis plusieurs années, et en me voyant il s'était réjoui que j'aie grossi depuis le temps, signe à ses yeux que j'étais devenue une «femme». De sa bouche, l'observation ne pouvait être reçue que comme un compliment, bien que «grossir» et «avoir grossi», à mes oreilles, ne le soient jamais.

Vrai que depuis notre dernière rencontre, beaucoup de choses étaient arrivées. De jeune étudiante impressionnable et démesurément dévouée à un homme qui doutait déjà de son amour pour moi, j'étais passée à mère séparée à l'aube de la trentaine, avec à la traîne un cœur meurtri, malgré une carrière pas loin d'être privilégiée et l'arrivée d'un homme-rocher à mes côtés.

Cet été-là, je pleurais souvent. Seule, la plupart du temps. Il me semblait que la vie me filait entre les doigts, que j'avais perdu, dans la séparation d'avec le père de mon fils ainé, toute compétence amoureuse. Je passais le plus clair de mon temps à ressasser les raisons de ce premier échec familial, à pleurer l'innocence perdue de mon fils (qui, du reste, se portait plutôt bien) et à condamner d'avance l'entreprise risible de vouloir «refaire ma vie» avec un autre. Je savais que je voulais d'autres enfants — ou en tout cas, je savais que j'avais toujours voulu d'autres enfants, avant la catastrophe — mais je me refusais à en faire avec l'homme-rocher. Après deux ans ensemble, il était clair que c'était vers ça que nous nous dirigions, et que si ce n'était pas le cas, cela annoncerait très probablement la fin de nous deux. Je m'y refusais, mais pas par manque d'envie; à cette époque, mes nuits se peuplaient de rêves d'enfants perdus ou à sauver ou à nourrir. Je ne m'y refusais pas non plus à cause de la pression extérieure ou parce que je doutais des qualités de père de mon amant. Je m'y refusais parce que, d'une part, je n'acceptais aucun autre modèle, et que, d'autre part, la peur d'un deuxième échec me glaçait jusqu'aux os.

Je racontais tout ça à Ramon tandis que des amis de passage, tous des hommes, tous des peintres, déambulaient nonchalamment dans l'appartement presque entièrement vide. Nous étions assis dans son atelier, et ma petite jupe bleue de Québécoise à Paris détonnait parmi les toiles échevelées, languissantes, de Ramon.

Cubain d'origine, Ramon avait perdu son fils ainé un an plus tôt. Ayant élevé seul deux garçons à la suite de la mort prématurée de sa femme, Ramon était un père flamboyant, rieur et doux, dont la première phrase que je l'avais entendu dire le jour de notre rencontre, dans un appartement encombré de la Petite Havane à Miami, était, dans un français chantant (la mère des garçons était française): «Et attention en traversant la US One!», à l'endroit de ses garçons qui sortaient jouer dehors. Ce mélange de liberté accordée et de tendresse folle pour ses enfants, il était l'étoffe des parents exceptionnels.

Je me savais dotée de cette tendresse folle, mon amour pour mon fils avait toujours agi comme un élastique autour du cœur, qui serrait et pompait tout à la fois. Mais la liberté était une lutte, pour moi. Mère inquiète et superstitieuse, j'avais laissé plus d'une fois ma peur de perdre mon fils prendre le dessus sur ma peur de le surprotéger. Ramon m'écoutait parler de ça, justement, ce jour-là. Il m'écoutait patauger dans un deuil fourretout où l'échec amoureux déguisait habilement la peur de vivre.

«Ça ne sert à rien de fuir la souffrance. Il faut vivre avec force. Avec courage. Et se souvenir que rien ne dure», dit alors Ramon.

Ramon était bouddhiste.

Je refusais d'y croire. Il venait de perdre son enfant, l'immensément *cute* Romain, un garçon qui, à huit ans, donnait du gruau à son hamster et qui avait fini suicidé, en proie à des effrois schizoïdes. Il ne pouvait pas, quelque part, ne pas vouloir fuir cette extraordinaire souffrance. Mais Ramon hochait la tête.

«Les gens ne nous appartiennent pas. Ils ne sont pas à nous. Nous nous sommes "eus" pendant un temps, et puis il faut les laisser partir.»

Il parlait de la mort de son fils, il parlait aussi de mon deuil amoureux, il parlait de la seule façon signifiante de mener son existence.

«Mais ça fait si mal!», dis-je, assez faiblarde pour qu'il me déballe une Bounty (Ramon adorait les barres de chocolat à la noix de coco, surtout dans leurs incarnations industrielles.)

«La souffrance fait partie de la vie. Tu sais, l'univers est éclairé par les flammes de l'enfer.»

Puis, il avait eu un petit sourire triste.

«Souffrir, c'est ne pas voir ceux qu'on aime. Mais on ne peut pas leur en vouloir. Parce que rien ne dure.»

Dans la cage d'ascenseur, en repartant, j'ai sangloté dans ma Bounty. Sanglots toujours dans le métro, puis en passant devant la mairie du 3e arrondissement et en tournant à droite sur Caffarelli. Les larmes se sont apaisées dans l'escalier, tout près de l'appartement de mon ami B. J'ai essuyé mes yeux, mes joues, mon nez. J'ai mis ma main sur la poignée. Derrière la porte, l'homme-rocher m'attendait, et il débouchait le vin.

Bons baisers du postpartum II

1er octobre 2009, 13 jours après la naissance de Fils deux

CONTINUER D'ÉCRIRE pour ne pas perdre le cap. Pour ramasser du courage. Parce que c'est la seule chose à faire. Il faut continuer d'écrire pour que le pont ne se dessoude pas. Que ces liens de fer d'acier de feu de vert-de-gris de sang de larmes de béton d'asphalte d'espoirs de possibles de destinations ne cèdent pas sous la pression du grand dérangement.

S'accrocher aux câbles — avec les mots — lancer des amarres — avec les mots — sortir les bâches — avec les mots.

Fermer les yeux et se préparer au pire, tout en espérant le meilleur.

Voilà ma petite guerre d'amour.

Voilà, ici, mon canon de cinq kilos.

Une peine d'amour, un deuil, une naissance.

Tous des garçons.

Trois mères sur la grève

Nous AVIONS DÉCIDÉ de sortir marcher tous les matins. C'était les vacances, une semaine glorieuse de recettes compliquées, de feux de camp sur la grève de Baie-des-Sables, d'enfants aux joues pincées d'air salin et de *cocktail hours* indéfectibles. Trois couples, cinq enfants. C., I. et moi avions compris que si ces marches constituaient un excellent déculpabilisant (comme on dirait d'un décongestionnant) contre les excès de la veille, elles s'avéraient surtout un brillant exutoire pour faire ce que les mères font de mieux: parler de leur vie de mère.

C. parlait du bonheur de courir, et constatait qu'au-delà de la forme physique, ce que la course lui donnait, c'était un moyen de cesser d'être «perpétuellement en tabarnak». Je pense que si quelque chose m'a convaincue d'ensuite me mettre à la course, moi aussi, même après les vacances, même dans la «vraie vie», c'est cette phrase. I. était contente de l'entendre, elle aussi. Nous étions toutes trois des femmes heureuses, en santé, donneuses et receveuses d'amour incorrigibles. Et pourtant, nous souffrions du même mal: tous les matins, au réveil, nous étions en proie à une colère sourde, un état diffus de ressentiment, une insatisfaction lancinante, une fatigue énorme truffée d'ennui. Il fallait le reconnaitre, nous étions «perpétuellement en tabarnak».

Derrière cette colère matinale, il y avait le besoin que l'autre (le chum, le mari, le père, mais ça aurait pu être la blonde, l'autre mère) s'investisse mieux ou plus, ou en tout cas qu'il saisisse la nature intrinsèquement anxieuse du rôle maternel. Qu'il devine que dans ce rôle, on étouffe, on souffre, on triture, on rétrécit. Qu'il se fasse pardonner le crime de n'avoir pas la même douleur devant la parentalité. Qu'il ouvre les vannes de notre peur et de notre peine et de l'infini paradoxe d'aimer la maternité plus que tout, mais de la regretter aussi, parfois. Dans cette colère, il y avait la déception de n'être pas la mère rêvée, de succomber trop souvent à l'appel du vide (c'est-à-dire du DVD et du iPad et des maudits petits Minions sur téléphone intelligent), d'acheter la paix, en somme (plus tard cet été-là, en voyant l'affreuse publicité de St-Hubert montrant une petite chipie boudeuse sous le titre «Achetez la paix», la colère-culpabilité remonterait, car si nous n'achetions pas vraiment la paix avec du poulet rôti, nous l'achetions de 1 001 manières, nous le savions, et nous n'y trouvions aucun humour). Dans cette colère, enfin, il y avait le désir de faire mieux, le désir paradoxal de cette vie-là, très précisément. Comme ces dames décrites par Woody Allen qui se plaignent de la qualité de la nourriture de leur maison de retraite tout en réclamant des portions plus copieuses.

N'est-il pas là, le plus grand paradoxe de la maternité? On veut faire des enfants, parfois jusqu'à l'obsession, jusqu'à nier la valeur de toutes les autres sphères de l'existence, et pourtant la tâche est pénible, souvent. Je ne parle pas ici du quotidien, des irritants mineurs de la routine familiale, des petites maladies ou des vies sociales amputées. Je parle de l'angoisse profonde de s'arroger la responsabilité d'un autre être humain, je parle de l'amour submergeant, tyrannique, je parle de la fièvre et du calvaire de n'avoir jamais le cœur tout à fait tranquille (à part peut-être lorsque toute la famille s'entasse dans la même chambre, comme c'était le cas cette semaine-là, et que je peux entendre les souffles réunis de mes deux fils et de mon mari, et qu'alors le matelas soufflé trop petit trop mou et les trois verres de vin de trop n'entravent plus ma quiétude, parce que tout est à sa place, parce que j'ai tout mon monde, et que personne d'autre ne m'attend nulle part). Pénible, non? Non?

Un matin, C. avait évoqué une connaissance, une journaliste bien connue mère de trois enfants, dont l'équilibre familial semblait idyllique. Elle disait que lorsqu'elle fréquentait cette femme, elle pensait brièvement avoir un troisième enfant. Après tout, cette famille a-do-rait son troisième enfant, et n'imaginait plus la vie sans lui. Mais au final, C. disait connaître ses limites et celles de son chum, et ne souhaitait pas briser l'harmonie actuelle. I., elle, était heureuse dans son trio infernal. Son amoureux, sa fille et elle, elle les imaginait voir le monde ensemble, et vivre paisiblement, et même si ce constat la surprenait (et, me semblait-il, la gênait peut-être), elle était comblée avec un seul enfant. Et puis il y avait moi, qui bouffe de la projection comme d'autres des pilules, et qui ne pouvais (ne peux) m'empêcher de me torturer avec l'idée d'un troisième enfant. Dernière d'une famille de trois, il y a chez moi une espèce d'obsession de la troisième personne, celle qu'on ne connait pas encore, celle qui changera peut-être tout, pour le meilleur et pour le pire. Sans compter qu'une partie de moi, ayant vu ma mère élever (en grande partie seule) trois enfants, se sent en quelque sorte en compétition avec elle-même, et s'envoie constamment des genres de piques existentielles: pas *game*, Britt.

Et puis, il faut le dire, le redire: faire naitre un enfant, c'est naitre également—cette présence anticipée, espérée, salvatrice, n'est-elle pas l'antidote ultime à la vacuité de l'existence?

C. et I. avaient accéléré le pas (le dessert avait été particulièrement indécent, la veille), mais mes pieds à moi étaient devenus lourds. N'est-ce pas ça, le désir d'enfanter? Un intense, aveuglant désir de rencontrer une altérité toute puissante, transfiguratrice? Connaitre la maternité, n'est-ce pas toucher au divin? Du moins:

n'est-ce pas un peu comme ça que la maternité s'affiche, à notre époque? Dans ce contexte, comment se surprendre que celles qui y ont accès (et je m'inclus) se mettent à se mythifier elles-mêmes, deviennent gourmandes et explosent en maternités répétées? Et comment se surprendre, surtout, que celles qui n'y ont pas accès — par absence de partenaire ou pour cause de fertilité fuyante — se sentent écrasées sous le poids de leur «insuccès» et se pulvérisent en miettes de déception et d'hyperconscience de soi?

Dans son autobiographie *Bossypants*, Tina Fey avance l'idée qu'à Manhattan les familles de trois enfants ou plus sont des *status symbols*, des façons de montrer aux autres qu'on a assez de moyens pour pourvoir aux besoins de toute une marmaille. En écrivant ça, même en boutade, elle s'interroge sur les raisons souterraines, peut-être moins mignonnes, qui nous poussent vers la maternité. Un constat qui peut paraître étrange vu de chez nous, où les familles nombreuses ont si souvent été synonymes de pauvreté asservie au clergé — mais qui dérange tout de même et qui, malgré le bon vent de Baie-des-Sables, ne parvenait pas, ce matin là, à dissiper le vertige. Le désir d'enfants, *mon* désir d'enfants, était-il d'abord une affaire d'égo?

WWA&MD

Annie Desrochers et Madeleine Allard,
dans des lettres

Fanny

Les filles,
Catherine Voyer-Léger m'a envoyé une citation, tirée d'un ouvrage
de Tiphaine Samoyault intitulé *Bête de cirque*.

> La mère se concevait bien avec un adjectif, mauvaise, bonne,
> indigne, aimante. Je voulais qu'elle puisse aussi être nouvelle. La
> mère nouvelle ou la nouvelle mère ramassait des coquillages avec
> ses enfants et les transformait aussitôt en fleurs ou en bijoux. La
> mère nouvelle ne fermait pas la porte de la maison, elle laissait
> même un pan de mur s'effondrer tranquillement pour faire ren-
> trer le vent. Elle accueillait volontairement tous ceux qui voulaient
> passer mais elle faisait cela aussi pour pouvoir sortir jusqu'à pas
> d'heure ou partir en voyage.

J'aime bien cette idée de vent qui rentre par les murs effondrés.
C'est une image forte et belle qui parle d'accidents heureux, de
la nécessité de se laisser fouetter par la vie, de l'immense amour
derrière le geste de laisser partir ceux qu'on aime. Par ailleurs,
dès qu'il est question de «la mère» (la mère idéale, la bonne
mère, la mère rêvée), quelque chose en moi se contracte (ha!),
quelque chose qui ressemble à de la méfiance et à une sorte de
«préhonte». Comme si je savais que ce qui s'en vient, la description de «la mère», me renverrait à mes incompétences, à la

perpétuelle déception d'être soi; en somme, me renverrait aux impossibles bien plus qu'aux possibles. Et puis, au quotidien, n'a-t-on pas d'autre choix que de s'évaluer à l'aune des gestes réels que nous posons envers nos enfants? Celle qui fait des biscuits, celle qui veut terminer de lire son article, celle qui ne se rendort plus lorsqu'un des enfants est fiévreux, celle qui dit oui aux bonbons trop souvent, celle qui joue à tous les jeux de société, même les obscurs machins de zombies, celle qui pogne les nerfs, celle qui supporte mal les cris, celle qui embrasse ses enfants, celle qui ne les responsabilise pas assez. On pose des gestes, on est cette mère. Il n'y a rien à espérer d'autre, n'est-ce pas?

Je pense que ce que je demande, c'est: change-t-on? Ou: apprenons-nous à accepter nos contradictions? Dans mes moments de décontraction (re-ha!) maternelle, quand l'esprit ressemble à un apéro qui débute, je m'immerge complètement dans l'idée du *good enough*. Alors la vie avec eux me semble douce et naturelle, raboteuse et parfaite, je les vois heureux et en santé, je me sens utile, je me sens signifiante. Mais ça ne dure jamais très longtemps, et je suis constamment rattrapée par la sévérité, le jugement, l'intransigeance (envers moi-même bien plus qu'envers eux). Et bien que je déteste cet état, le plus souvent j'ai tout de même le sentiment que c'est exactement cet état que je dois cultiver—alerte, autocritique, jamais complaisante.

Inutile de dire que je suis complètement épuisée.

Et tout ça avec deux enfants seulement.

Il m'arrive souvent de me dire, un peu à la manière de ces T-shirts indie vaguement rétro à l'effigie de Jésus ou de Joan Jett («*What would Jesus do?*», «*What would Joan Jett do?*», souvent abrégés WWJD ou WWJJD) et qui se veulent un genre de boussole morale pour celui ou celle qui les porte, eh bien, il m'arrive souvent de me dire: «*What would Annie and Madeleine do?*» Ce serait joli, sur un T-shirt, WWA&MD, non? Avec une image de vos deux belles faces en sérigraphie dessus. Je me le demande pour vrai, cela dit. Vous êtes «les mères d'enfants nombreux», celles qui l'ont plus *toffe* ou plus rempli ou plus vaste ou plus riche ou plus compliqué.

Celles qui ont plus de réponses.

Est-ce que c'est comme ça que ça marche?

What do *Annie and Madeleine do?*

Madeleine

Ce questionnement se résume pour moi à une espèce d'opposition ou de tension entre ce que j'appellerais le *savoir-être* et le *savoir-faire*. Autrement dit, être mère, est-ce un savoir-être ou un savoir-faire? Ou est-ce les deux?

L'idée m'est venue tout dernièrement, une fois où je pleurais très fort de n'avoir mes enfants que la moitié du temps. La garde partagée venait de commencer et je ne savais tout simplement plus qui j'étais, tant mes repères du quotidien avaient disparu avec ce vide, cette absence d'enfants. Un ami m'avait prise dans ses bras et m'avait lancé cette phrase: «Mais tu n'es pas moins mère lorsqu'ils ne sont pas là.»

Vraiment? Est-ce qu'on peut réellement être mère en dehors de ces gestes qui nous constituent comme telle? Ne suis-je pas moins mère lorsque je n'ai pas de petites bouches à nourrir, pas de pansements à poser sur des doigts qui saignent, pas de consignes à distribuer à des oreilles qui écoutent à moitié, pas de câlins à donner, de petits corps à bécoter?

Ce questionnement est pour moi fondamental — non seulement pour sa pertinence disons *philosophique* ou parce que moi, petite moi divorcée mère à temps partiel, j'ai besoin qu'on me dise que je suis mère même quand j'ai l'impression de ne pas l'être — mais aussi pour vivre le quotidien, celui que tu décris,

Fanny. Parfois, c'est l'harmonie totale et les gestes qu'on doit poser expriment ce que l'on a envie d'être cette journée-là. Ce sont des moments de grâce. Parfois, il y a discorde. Et c'est là que c'est plus difficile. Mais j'ai appris avec le temps que cette discorde est tout aussi riche que cette grâce. Que je continue à grandir autant, sinon plus, quand les tensions intérieures entre ce que je dois et ce que je veux se font sentir fortement.

Je ne peux pas tout faire. Et maintenant, je renonce même à essayer, j'assume. Et réaliser que c'était correct d'être pleine pleine pleine de failles, ç'a transformé ma vie de mère. Un peu comme on s'ouvre à la douleur de la contraction quand on apprend que ça ne fait pas moins mal quand on résiste, quand on apprend que ça passe, que *tout* passe. Quand je suis dans la cuisine et que je ramasse après le repas et que j'ai des enfants qui me demandent mille affaires en même temps, je le dis le plus simplement du monde: «Je peux pas vous parler à tous en même temps, je suis occupée, je suis fatiguée, je suis triste, j'ai juste pas le goût.» Et ça passe, à la fois ma fatigue, ma tristesse, mon manque de motivation, mais aussi leurs demandes, leur empressement, leurs *vite-vite-vite*, leurs *maman-maman-maman*.

Pour moi, la clé, ç'a été d'apprendre à être une mère. Cesser de croire que j'existe comme mère simplement à travers les gestes que je pose — non pas qu'ils n'ont pas de sens, ils en ont tout plein et me sont d'ailleurs souvent très agréables — et comprendre que je suis mère avec tout ce que je suis. Je suis mère en ma qualité de mortelle qui cherche à donner un sens à la vie. Je suis mère même quand je n'aime pas mes enfants. Parce que ça arrive. Et d'avoir compris cela, ça m'apporte une paix intérieure que j'ai du mal à décrire et qui fait, je crois, que je suis meilleure mère que je n'ai jamais été.

Annie

Récemment, dans un commerce où j'étais seule avec mon bébé, une femme m'a demandé si c'était mon premier. Je lui ai fait le coup du «non, c'est le cinquième» et à mon grand étonnement, elle m'a lancé, enjouée: «Ah! Je savais! Vous avez tellement l'air d'une mère qui a beaucoup d'enfants!»

Je me demande encore ce que ça représente, être «une mère qui a beaucoup d'enfants». Celle que l'on plaint? Peut-être un peu. Celle que l'on envie? Peut-être aussi.

Mais celle qui a plus de réponses?

Et si c'était celle qui n'avait ni réponses, ni questions?

C'est parfois comme ça, avec mon bébé. Je m'aperçois que je le materne sans questions et sans réponses non plus. Et bon sang que c'est bon. D'ailleurs, parfois, je ne le perçois plus comme Philémon, mais bien comme l'archétype de tous les bébés que j'ai eus. Dans des moments de pur détachement (de grâce?), les mêmes gestes que j'ai posés tant de fois me viennent naturellement, un peu comme la rivière qui coule ne s'interroge pas sur l'eau qui arrive et celle qui repart: elle ne fait que couler. Ce n'est pas Philémon qui tète, ce n'est pas lui qui bat des petites jambes quand on le place sur le dos. À travers lui, ce sont tous les bébés que j'ai eus qui, dans mon esprit et mon corps, n'en forment qu'un.

Bercer, caresser, mettre au sein dans le demi-sommeil du petit matin, laver, déposer sur sa hanche, voilà autant de gestes que j'ai faits mille fois avec chacun d'entre eux et qui, aujourd'hui, se fondent en moi à un point tel que je me dis qu'en me voyant, on pourrait oublier que j'ai ce bébé. On pourrait se concentrer sur tout ce que je fais d'autre en ayant ce bébé. Vous êtes à lire ce texte que j'ai écrit en vous concentrant sur ses mots et son sens, alors que j'ai écrit en allaitant, en endormant, en nourrissant, en donnant une suce, en berçant, en donnant trois, quatre ou dix consignes. Comme si je voulais que l'on voie la mère avant de voir l'enfant qui la cache.

Une jeune collègue d'une autre ville m'a dit timidement cet été qu'elles étaient quelques-unes, dans son milieu de travail, à «suivre ma carrière», parce que je leur donnais espoir dans leur désir de continuer à être ce qu'elles sont, avec des enfants en plus. Je n'ai pas su quoi dire. Ça m'a émue.

Ça m'a dérangée, aussi. Pourquoi a-t-on besoin de ces modèles? Qu'est-ce que ça nous dit sur ce que nous sommes, collectivement?

Qu'est-ce que la mère de plusieurs enfants représente?

Le T-shirt WWA&MD, moi, je le trouverais lourd à porter.

Fanny

Pourquoi a-t-on besoin de ces modèles?

Je suis une envieuse, une idolâtreuse, une chercheuse de modèles. Cette propension à porter un regard idéalisé sur les autres m'accompagne depuis toujours. À 12 ans déjà, je me souviens avoir entretenu une flamme pour une «idole» de 16 ans, une fille magnifique et posée qui chantait si bien, dans la chorale à laquelle j'appartenais. Ça n'était pas, à proprement parler, un béguin; je ne voulais pas être près d'elle, ou entrer dans ses bonnes grâces. Je voulais *être* elle. J'observais sa façon de s'habiller et de parler, ses préférences musicales, ses histoires d'amour avec une rigueur encyclopédique. Plus je l'étudiais, plus j'avais de chances de lui ressembler, *right*? Heureusement, je m'en suis tenue à l'observation discrète, et je ne crois pas avoir été trop envahissante (c'est déjà ça de pris).

J'ai grandi, mais cette tendance ne s'est jamais démentie: j'ai idéalisé des amies, des artistes, des couples. (Oh! Seigneur!

Comme j'ai pu idéaliser des couples!) J'ai la comparaison facile, et elle m'est presque toujours défavorable. Quand j'ai eu mon fils ainé, en 2002, le problème a explosé — et s'est aventuré sur les pentes glissantes du monde virtuel. Forums de discussion réunissant des mères de tous horizons, magazines et journaux en ligne relatant les faits et gestes des *celebrity moms*, puis — parce qu'il fallait bien pousser l'absurde de la situation — des *celebrity babies*, sans parler de l'inévitable Facebook et sa Réalité Familiale Augmentée. J'en ai eu pour mon argent, pendant ces années-là, je m'en suis gavée, de la névrose de comparaison parentale *(who am I kidding? Je dis parentale* pour être polie, mais c'est bien un problème de mères, n'est-ce pas? Jamais entendu mon chum se lamenter que «chez untel, les enfants font trois activités parascolaires par semaine alors que chez nous, ça n'a jamais été plus qu'une activité, et encore, ça c'est quand on manque pas la sacrament de période d'inscription», ou alors que «chez untel, les enfants ont droit à zéro minute d'écran les jours de semaine, sans exception, et tout le monde est super heureux»: non, ces phrases-poison sortent de ma bouche).

J'ai beau être consciente que ma propension à la comparaison est malsaine, je ne peux pas m'empêcher de considérer qu'il est plutôt sain d'avoir des modèles. J'entends par là: des aspirations. Bien sûr, il serait idéal de s'accepter telle qu'on est, à la fois comme mère et comme être humain, et de se définir, ainsi que tu le disais bellement, Madeleine, comme une «mortelle qui cherche à donner un sens à la vie», tout simplement. Pour moi, ce n'est pas demain la veille. Je suis hypercritique, insatisfaite chronique et j'accepte très mal de nombreux aspects de qui je suis. Et les aspirations, pour quelqu'un comme moi, c'est un genre d'oasis. Le lieu où je peux me prendre à rêver d'être calme, compétente, énergique, sure de moi. La maternité est pour moi tellement débordante d'interrogations (lorsque tu as écrit, Annie, que la mère d'enfants nombreux est peut-être celle qui n'a ni réponses, ni questions, j'en ai eu les yeux picotés de larmes; jamais il ne m'était apparu de façon aussi claire que c'est ce dont je suis affamée depuis plusieurs années : une absence de questions, ne serait-ce que pour un instant) que lorsque je regarde les réponses proposées par les autres, cela agit comme un baume, tout temporaire soit-il, sur la plaie (la plaie n'étant pas la maternité elle-même, mais ma maladie de questions). Un peu comme quand on regarde les revues de décoration, mon chum et moi, avant une rénovation (c'est un sport national, par chez nous). Les maisons ainsi proposées sont étincelantes, poétiques, inspirantes — elles sont aussi hors de notre portée, et souvent plantées dans des paysages qui n'ont rien à voir (et rien à envier !) à Villeray, PQ. Pourtant, nous rénovons, avec les inspirations venues d'ailleurs et nos idées à nous, et le résultat n'est jamais aussi étincelant que dans *IDEAT*. Après, à moi de choisir où envoyer cette idée : «Le résultat n'est jamais aussi étincelant, mais c'est le nôtre et nous l'avons bâti avec dignité et débrouillardise et puis maudite marde, on a eu du *fun* à le faire» ou «Le résultat n'est jamais aussi étincelant, et cette idée me mine, me pèse, me donne l'impression que la vie n'est qu'une longue baignade dans une piscine publique où des petits cons nous calent la tête dans l'eau chaque fois qu'on émerge». Devinez quel chemin je prends, la plupart du temps.

L'exposition à ces modèles est donc à double tranchant, rien d'étonnant là-dedans. Je reviens à ta question : pourquoi s'y soumettre autant, alors ? Parce qu'on mesure notre valeur à l'échelle des autres. Parce qu'on est dépossédées de notre instinct. Parce que le bombardement d'images qui définissent le succès, la beauté, l'idéal finit bien par se fossiliser en nous et que la pression se fait nôtre, la pression s'intériorise, *nous devenons la pression*. Parce que la maternité de performance, telle que la décrivent Susan Douglas dans *The Mommy Myth* ou Rachel Cusk dans

A Life's Work, est insidieuse et inextricable pour plusieurs d'entre nous. Parce que j'ai peur de ne pas être digne de mes enfants. Je voudrais pouvoir écrire cette phrase sans qu'elle ait un arrière-gout de pathos judéo-chrétien, parce que ce n'est pas comme ça que je l'entends. Je ne parle pas de sacrifices ou de don de soi—je pense être plutôt à l'aise avec ces deux concepts lorsqu'il est question de la responsabilité parentale—, je parle d'être, à travers mes gestes, mes choix, mes états, celle qui n'aura pas jonché l'enfance de mes fils de douleur et de brisures, mais celle qui leur aura fourni, à part l'amour, un peu de débrouillardise, un peu de soif de sens, un peu de cette douce conviction que quelqu'un les attend quelque part.

Et quand les modèles sont de «vrais» modèles—Kate McGarrigle est un vrai modèle pour moi, elle qui a su parfaire son art jusqu'au dernier jour, tout en étant une mère présente et généreuse et vulnérable—, on en tire beaucoup de bon, et beaucoup moins de poison (la quantité de poison contenue dans une série de photos de Heidi Klum en bikini avec ses enfants à Hawaï, par exemple, est pas mal plus élevée). Lorsque je vois vos ribambelles d'enfants sur des photos, en train de niaiser ou de cuisiner, ça me donne envie de niaiser ou de cuisiner. Ça m'inspire et me rassure beaucoup plus que ça me propulse dans le fond du drain de la toilette. Je comprends absolument qu'on n'ait pas envie d'être l'objet de telles aspirations, et je te promets que je ne porterai pas mon T-shirt WWA&MD en public. Mais dans ma cuisine, un dimanche matin... Je promets rien.

Vous en avez déjà eu, des modèles?

Annie

Depuis septembre 2012, je pense beaucoup à Pauline Marois. Je suis curieuse d'elle. Elle a eu quatre enfants alors qu'elle occupait les plus importants ministères du Québec, ça doit ben vouloir dire quelque chose ?!

Pauline Marois, ministre, pourquoi voulais-tu un autre enfant ?

Elle m'avait beaucoup touchée, il y a quelques années, lors de son retour en politique, quand elle avait abordé en entrevue avec Paul Arcand les soupers de famille du weekend avec huit jeunes adultes autour de la table. Je me suis projetée dans 15 ans. Je veux ça, moi aussi.

Reste que pour moi, l'archétype maternel, c'est grand-maman Eugénie, la mère de ma mère. Celle qui a eu 11 enfants tout en s'occupant du bureau de poste qui se trouvait dans une pièce de sa maison. Elle accouchait chez elle, allaitait ses bébés et se disait qu'au moins, quand elle était enceinte, elle n'avait pas peur de le devenir.

Vous imaginez ça un instant, les filles ?

Malgré ses grossesses très certainement subies plutôt que désirées, Eugénie a aimé ses bébés. Son bonheur, c'était après le bain, quand ils étaient tout propres dans leurs petits pyjamas. Je pense à elle quand je sors un bébé du bain. Je pense souvent à elle, en fait. Quand je me sens à bout. Quand je n'ai pas le gout de faire le lavage. C'est là, j'imagine, que je me dis : «*What would Eugénie do*»...

Mais je voulais surtout parler de ces femmes, dont Madeleine, Marypascal, ou Stéphanie ou Nathalie, toutes ces femmes, parfois très près de moi, parfois moins, dont l'avis passera toujours avant celui de n'importe quel spécialiste. Elles forment une toile, un filet, un phare, un merveilleux coffre aux trésors.

Parce que voilà. Si je ne doute pas un instant que l'on soit femme sans avoir d'enfant, pour ma part, j'ai mesuré toute l'ampleur de ce que ça voulait dire «être une femme» en ayant les miens. La maternité comme assise de mon féminisme.

En devenant mère plusieurs fois, ne sommes-nous pas proches de toutes les femmes? Entre mères, n'arrivons-nous pas parfois à partager une parcelle d'éternité?

Simplement parce que je suis mère plusieurs fois, des femmes m'ont raconté leurs accouchements, m'ont demandé des avis sur ce qu'elles vivaient pendant la grossesse ou avec leur enfant. D'autres encore ont pleuré sur mon épaule, de peine ou de joie, pour un allaitement qui allait mal ou qui prenait du mieux. Ce partage d'une intimité telle qui fait qu'une mère me téléphone pour me dire que son bébé vient de mourir, quelques heures après avoir vu le jour. Une confiance qui permet à une femme de me murmurer que si elle n'allaite pas, c'est parce que petite, on l'a trop souvent touchée de façon inappropriée. Tout ça en prenant un thé, en se croisant au parc ou dans une cour d'école, derrière un écran d'ordi, en partageant une soirée trop arrosée ou juste comme ça, en sortant d'un studio de radio.

Dites-moi, qui d'autre qu'une mère a le privilège de partager et de recevoir gratuitement ces espaces intimes?

Ça nous appartient juste à nous. Parce que nous sommes mères, tous ces vécus d'hier et d'aujourd'hui flottent et peuvent s'ouvrir à notre compréhension de la vie, à notre empathie envers l'autre. N'est-ce pas être touchées par une grâce tout unique? «Nous sommes bénies entre toutes les femmes et le fruit de nos entrailles est béni.»

Mais bon, pour moi aussi il y a ces moments ridicules où Facebook m'empoisonne avec ces mères que je perçois plus créatives que moi et dont les enfants sont juste un peu plus *cutes* que les miens. Un poison qui fait que j'envie l'âge qu'elles ont, simplement parce qu'elles pourraient en faire plein d'autres.

Ça, c'est un peu moins gracieux, tu vois.

(Sapristi qu'Eugénie, elle en aurait *scoré* des «J'aime» avec les photos des ses 11 *kids* en pyj.)

Fanny

Ha! Pauline Marois. Oui, c'est intrigant et ça force l'admiration, cette carrière politique hors du commun et une famille de quatre enfants. La tablée d'enfants adultes qui ramènent leurs chums, leurs blondes, leurs amis, ça me parle aussi beaucoup, moi qui suis si attachée à mon groupe d'amis, et qui fréquente à l'occasion les parents de mes amis les plus proches. Ces moments sont empreints d'un sentiment d'appartenance particulièrement bienvenu lorsque le vague à l'âme fait des siennes.

Cela dit, je trouve dommage que les modèles de mères-à-carrière qu'on nous présente jouissent presque tous d'un contexte socioéconomique privilégié. Je ne veux pas sous-estimer la présence de Pauline Marois auprès de ses enfants, mais j'aurais de la difficulté à croire qu'elle n'a pas eu recours à de l'aide professionnelle privée pour y arriver : une nounou, à tout le moins. Sheryl Sandberg, de Facebook, et Marissa Mayer, de Yahoo, ont toutes deux défendu la place des femmes dans des postes de direction d'entreprises d'envergure, en encourageant les femmes à demeurer dans l'arène et à ne pas renoncer à leurs ambitions, tout en réalisant leur désir de maternité — mais encore une fois, leur mode de vie a très peu à voir avec celui de la plupart des mères et les privilèges dont elles jouissent, sans avoir préséance sur toute leur expérience de la maternité, transforment très certainement celle-ci en un défi autrement plus gérable, ne serait-ce que sur le plan de la logistique. (Qui va chercher les enfants ? Qu'est-ce qu'on mange ce soir ? Qui peut prendre le relais si j'ai une réunion / un lancement / un massage plus que mérité ?)

Même Anne-Marie Slaughter — ancienne conseillère d'Hillary Clinton et auteure du célèbre article au titre bien déprimant, *Why Women Still Can't Have It All*, publié dans *The Atlantic* l'an dernier —, malgré un postulat alarmiste et rempli d'empathie pour la réalité des mères-à-carrière, semble aveugle à ses propres contradictions. Elle affirme avoir été forcée de ralentir et de quitter sa carrière trépidante à Washington lorsqu'elle a compris qu'elle passait à côté de l'adolescence de ses fils. Mais quand elle décrit sa vie «ralentie», on constate avec effarement (et une certaine honte devant notre propre fatigue d'auteure peinarde à Montréal) qu'elle occupe encore un poste prestigieux de professeure en politique internationale à l'Université de Princeton—on a déjà vu pire, comme «renoncement».

Est-ce parce que le succès professionnel se mesure uniquement à l'envergure des postes (et aux salaires qui viennent avec) qu'on ne trouve dans l'espace médiatique que très peu de modèles de femmes aux carrières riches et pertinentes *et* aux familles fonctionnelles? Est-ce parce que, chez ces femmes, le sentiment de «tout avoir» ne court pas les rues et que si on leur pose la question, elles ont toutes un peu l'impression de faillir à la tâche? N'y a-t-il pas, dans notre fascination pour les Sandberg et Mayer de ce monde, un mécanisme paradoxalement antiféministe qui, tout en nous martelant de nous mettre «en avant, toutes!», nous rappelle insidieusement qu'on n'est pas du tout, ici, en train de faire avancer la cause des femmes? Marissa Mayer elle-même n'at-elle pas revu la politique de temps partiel et d'horaires flexibles de Yahoo en obligeant tous les employés, hommes et femmes, à reprendre un horaire traditionnel avec présence au bureau—un système particulièrement punitif pour les mères, qu'on se le dise?

La majorité des femmes n'a que faire des conseils de ces *superachievers*—la majorité des femmes a besoin de volonté politique et de changements profonds dans la culture du travail. De toute façon, tout le monde, homme ou femme, bénéficierait de tels changements. Si Pauline parvient à nous offrir ça, alors là, ce sera tout un modèle, pour moi. De quoi a-t-on besoin, d'après vous?

Madeleine

J'ose un petit retour en arrière pour parler de... Heidi Klum. Parce que moi, j'aime bien les photos de Heidi Klum en bikini sur la plage. Tout comme j'aime voir Julia Roberts faire de même. Mais aussi la femme de Pierce Brosnan, petite femme rondelette aux courbes moins hollywoodiennes. Mais ce ne sont pas seulement les stars que je trouve belles ainsi. J'aime aussi voir mes copines arborer fièrement un bikini, malgré leurs vergetures plus ou moins apparentes, ou leur petit ventre ou leurs seins trop débordants. Je trouve que c'est beau et je suis heureuse de vivre à une époque où le corps d'une mère peut être sexualisé. Je comprends que ça peut devenir une quête malsaine et un peu débile pour certaines — néanmoins, je veux, moi, que mon corps reste avant tout un corps désirable et désiré. Au fil du temps, il le sera de moins en moins et par de moins en moins, de monde, j'en conviens et je l'accepte... Mais en attendant?

Mon corps — mon corps de femme, pas mon corps de mère —, je l'ai redécouvert dernièrement. Je me le suis réapproprié. Après l'avoir offert à mes enfants, volontairement et avec tout l'amour du monde, après l'avoir offert au même homme pendant 15 ans, avec de moins en moins de désir vers la fin, je me suis retrouvée seule avec ce corps pour la première fois. Et c'était bien. Il était à moi, rien qu'à moi. Ça m'a fait du bien qu'on soit seuls, tous les deux. J'aime ce corps, je le trouve plus beau que jamais. Il n'est pas parfait, mais il est fort, désirable, fonctionnel. Le laisser vivre, le redécouvrir, le laisser prendre du plaisir, c'est ce que je fais depuis des mois. Et j'en dégage un bienêtre qui va bien au-delà du bienêtre physique. Je suis fière de tout ce que nous avons accompli, lui et moi.

Je trouve qu'on est dures, les femmes. Dures avec nos corps, avec nous-mêmes en général. Tu demandes ce dont les femmes ont besoin, Fanny? Ben moi, je dis: *«Just give them a fucking break.»* Je suis convaincue, absolument convaincue, que si on arrêtait toutes collectivement de s'en faire, ça serait ni mieux ni pire. Je veux dire, la Terre n'arrêterait pas de tourner. Nos enfants ne deviendraient pas des *pas d'allure*. Ça va faire complètement ésotérique mon affaire, mais si on se laissait simplement guider par notre intuition, par ce qu'on ressent, par ce qu'on désire au plus profond de notre être, par ce qui nous fait nous sentir vivante, je suis convaincue que tout serait bien. Je ne dis pas qu'il ne faut pas de mesures collectives pour soutenir les mères, ces mesures sont une bonne chose et j'en ai bien profité, mais est-ce qu'on peut voir au-delà de ça? Laisser aussi se déployer la vie, celle qui fait parfois si bien les choses, comme une expression de nos aspirations les plus profondes. Et ça vaut pour la femme qui choisit la carrière fulgurante et qui n'est pas assez là, à son gout, pour ses enfants, comme pour celle qui choisit de tout «sacrifier» pour s'en occuper à temps plein. Je pense que si on arrêtait d'essayer de voir ce qu'on doit faire et qu'on essayait plutôt de se laisser guider par ce qu'on veut faire, tout le reste prendrait son sens, les sacrifices comme les bonheurs, les moments les plus durs comme les plus faciles. Autrement dit, j'aimerais vivre en me défaisant de ma culpabilité, mais sans me départir de ma sensibilité. C'est là-dessus que je travaille presque quotidiennement.

Mais là, je ne réponds pas à ta question: les femmes subissent les inégalités sociales beaucoup plus que les hommes, c'est une évidence. Une évidence aussi que l'argent est la clé dans bien des domaines. Mais je pense que, plus encore que d'aider les femmes à bien s'intégrer au monde du travail, il faut aider les hommes à prendre leur pleine place au sein des familles. Je crois que c'est comme ça qu'on arrive à un véritable équilibre. Je trouve qu'on n'en parle pas assez...

Je crois aussi que les femmes ont besoin des hommes. Je crois qu'on a complètement évacué ce besoin. Les femmes ont besoin des hommes, non pas pour les protéger, leur donner de la sécurité, etc. (même si c'est bien aussi), mais elles ont besoin d'hommes qui les voient comme leurs égales, qui les soutiennent, qui les aident parfois à trouver leur chemin, qui les encouragent. Je crois que c'est *la* décision la plus importante qu'une femme peut prendre dans sa vie: choisir le bon homme avec qui elle la partagera.

Annie

Je ne peux pas être plus en accord avec le dernier message de Madeleine. Les mères ont *besoin* des pères de leurs enfants. Ça vaut pour les mères en couple comme pour les mères célibataires. Un père engagé, aimant, présent, voilà la meilleure des politiques sociales qui soit. Et les femmes, toutes les femmes, ont besoin d'hommes qui les voient comme leurs égales. Des hommes prêts à faire équipe, dans la sphère privée comme dans la sphère publique.

Une jeune fille au début de la vingtaine m'a rendue toute triste, un jour, quand elle m'a raconté que sa mère lui disait qu'elle allait finir seule si elle continuait à être aussi difficile avec ses chums. Cristie que c'est pas le conseil que je vais donner à ma fille.

Une petite note, aussi, à propos de Pauline Marois. C'est drôle parce que pour être plus concise dans mon texte, j'avais effacé une phrase qui disait à peu près ceci: je trouve qu'on nous renvoie trop souvent à la richesse de Pauline Marois pour justifier qu'elle n'est pas un «vrai» modèle. Et je comprends ce qu'on veut dire par là, bien sûr. Ce que je maintiens, par contre, c'est que ce n'est pas la richesse qui explique le désir d'avoir plusieurs enfants; au contraire, dans l'histoire de l'humanité, ce sont les femmes les plus riches qui ont toujours le mieux contrôlé leur fertilité.

Ce que j'aimerais comprendre chez elle, ce que je trouve inspirant, c'est justement ce désir d'avoir beaucoup d'enfants tout en menant de front une carrière politique intense. Le reste — nounou ou pas, écoles privées ou pas, vacances à la Costa del Sol ou pas —, ça ne m'intéresse pas. Parce que je suis persuadée que son désir d'enfants, de beaucoup d'enfants, est du même ressort que le mien.

PS — C'est qui, Heidi Klum ?

Catalogue des mères

CELLE QUI enlève les tomates du sandwich d'un de ses fils pour les replacer dans le sandwich d'un autre de ses fils.

Celle qui identifie le krill, les couteaux, les bourgots.

Celle qui oublie le nom de tout le monde, mais pas celui du chat de ses enfants, 30 ans plus tôt.

Celle qui fait monter un piano au troisième étage d'un immeuble tout croche, même si c'est pour entendre ses enfants se gosser une version grossière des «Champs Élysées» pendant trois semaines en boucle.

Celle qui s'inquiète de la grippe porcine.

Celle qui n'a pas peur du trapèze.

Celle qui tient son fils de toutes ses forces pendant qu'il se fait bruler des boutons contagieux dans le cou, un à un, par le pédiatre.

Celle qui sort une boite de céramique faite par elle 15 ans plus tôt, pour contenir les cendres de son fils.

Celle qui berce sa toute petite au sommeil trouble, en lui chantant La Bolduc, soir après soir, depuis trois ans.

Celle qui échange des pipis contre des Smarties.

Celle chez qui l'on nomme les parties du corps adéquatement. Testicules, scrotum, anus.

Celle qui compte les taches de rousseur sur le nez de son dernier. Soixante-quinze *and counting*.

Celle qui coud les habits de concert.

Celle qui choisit les habits d'enterrement.
Celle qui couvre l'autisme de son espoir.
Celle qui attend depuis trop longtemps.

Mères troisième vague

Parler avec Alexie Morin et Geneviève Pettersen

ELLES ONT 29 ET 31 ANS, sont auteures. Alexie a un fils de quatre ans. Geneviève a deux filles, de six et trois ans. Exégètes du gin, elles prennent leur martini extrasec («Le vermouth, à peine, genre que t'en mets dans le verre, tu le jettes dans l'évier pis ce qu'il reste au fond, c'est ça que je veux.»). Devant elles, je me sens comme une vieille chèvre, avec mon rosé de madame et ma peur d'affirmer mes positions. Mais tout chez elles me fascine: comme il est bon, me semble-t-il, d'avoir le corps tout immergé dans la troisième vague.

Pour elles, la maternité se vit de la même façon que tout le reste: avec l'impératif de la liberté et le choix individuel comme moteurs. «Le parentage *mainstream,* ça m'intéresse pas», dit Alexie. Elle donne pour exemple la fameuse technique du 5-10-15, selon laquelle on laisse pleurer un bébé pour lui inculquer de «saines» habitudes de sommeil. Toute cette mentalité qui veut que l'on doive «casser» un enfant et l'endurcir pour qu'il parvienne à l'autonomie, Geneviève et Alexie en sont outrées. «En quoi est-ce que ces techniques-là sont différentes du fait d'imposer aux enfants d'être droitiers et de les humilier s'ils sont gauchers?» Alexie renchérit: «La vie sera bien assez dure comme ça—ma job à moi, ce n'est pas d'endurcir mon enfant, mais de l'aider à vivre.»

Du même souffle, elles s'interrogent sur les motivations des jeunes parents qui s'empressent, tout de suite après la naissance de leur enfant, de sortir dans les restaurants et de courir les 5 à 7, un nouveau-né sous le bras (pour conjurer la nouvelle réalité? À cause de leur FOMO, *fear of missing out*, tare de l'époque? Pour se prouver quelque chose?). Quand je repense aux premières semaines de vie de mes fils, je m'imagine enveloppée de tissus et de liquides: draps, lingettes, couches, grenouillères, compresses d'allaitement, lait, sang, larmes. Les 5 à 7 et les barbecues ne prennent aucune part à mes souvenirs. Et tout affirmées et féroce-ment libres qu'elles soient, Alexie et Geneviève n'en demeurent pas moins convaincues qu'une forme d'abandon à la maternité est nécessaire, au moins au début de la vie des enfants. «C'était très difficile, pour moi, d'être mère au foyer. Ce n'était ni dans ma nature ni dans mes intérêts de passer mes journées avec un bébé, et j'attendais fébrilement le retour de mon chum tous les soirs», avance Geneviève. «Mais la perspective de placer mon bébé en garderie à six mois m'était insupportable. J'ai *toffé la run*, et j'en suis fière.»

De même, elles parlent de leur allaitement prolongé (presque quatre ans pour Alexie, deux ans et demi pour Geneviève) le plus naturellement du monde, sans qu'on sente la moindre parcelle de sentimentalité. Elles l'ont fait parce qu'elles le sentaient comme ça, point. Pas parce que «c'est beau» ou que «c'est natu-rel», mais parce que c'est leur choix, et qu'on ne s'oppose pas à un choix. Oh, remarquez, on juge bien les choix. On les juge, mais on se refuse à s'y opposer. Ainsi, elles n'ont aucune diffi-culté à faire la liste de leurs jugements: les noms des enfants, les parents qui partent en vacances sans leur bébé de six mois, les filles qui disent qu'elles n'ont pas de lait. Et dans la foulée: les hosties d'ayatollahs de l'allaitement, les gars qui ne prennent pas leur congé de paternité, les filles qui ne prennent pas leur congé de maternité!

Elles savent aussi qu'elles sont jugées par celles qu'elles jugent, exactement de la même façon. «J'ai accouché de ma deuxième fille à la maison. Quand je me suis présentée au CLSC avec mon bébé, l'infirmière m'a demandé sa carte d'hôpital. Je lui ai répondu que je n'avais pas de carte d'hôpital, parce que j'avais accouché à la maison. Elle a presque grimacé: "Ah... Vous êtes de ce genre-là." Je ne corresponds pas au stéréotype de la mère granole», dit Geneviève. Elles se savent jugées sur leur choix d'allaiter longtemps, de pratiquer le co-dodo, de refuser de valoriser l'obéissance. Elles ne sont pas à l'abri du jugement de soi, non plus. «Récemment, je suis allée chez Ikea acheter des boites de rangement, un geste un peu trop adulte, un peu trop bourgeois à mon gout. J'étais dans les étalages à choisir les plus belles boites, les fleuries avec des couvercles, pis je me suis jugée. Mes filles ont des iPad. Il y a deux ans, j'aurais traité la fille qui fait ça de conne. Maintenant, je suis devenue cette conne», songe Geneviève. Alexie rajoute: «Crisser son enfant devant les bonhommes à la télé, c'est doux-amer.» Geneviève opine, mais proteste aussi un peu: «C'est encore judéo-chrétien, ça. Il faut surtout pas avoir du fun.» Alexie a le fond de l'œil mélancolique: «Je juge les niaiseries que mon enfant regarde à la télé, mais après, je fais quoi? Je vais sur Facebook, je vais me vautrer dans les basfonds des internets.» Le jugement sur les autres, le jugement des autres, le jugement de soi, tout ça semble inéluctable, à leurs yeux. Elles n'y voient pas un idéal, loin de là. «Tout le monde se juge, même moi je sais que sans le vouloir, quand je parle de mon accouchement ou de mes choix, j'ajoute de la pression sur les jeunes mères», dit Geneviève.

Je leur parle des féministes de deuxième vague, par exemple les auteures de *The Mommy Myth,* et de leur critique du culte de la maternité intensive, qui serait en forte progression depuis une vingtaine d'années et qui constituerait un recul pour les femmes. L'an dernier, le *Time* en avait fait sa une, avec la désormais célèbre (et maintes fois parodiée) photo d'une femme à l'air autoritaire, posant avec un enfant de quatre ou cinq ans qui regarde l'objectif, un sein dans la bouche. «*Are you mom enough?*», nous demandait le magazine. L'article critiquait les tenants de l'*attachment parenting*, une méthode d'éducation tout à fait en phase avec ce qui est décrié dans *The Mommy Myth*. Les besoins de l'enfant sont mis à l'avant-plan, et les «cassures» de toutes sortes sont évitées à tout prix: allaitement exclusif et sevrage tardif, co-dodo, portage, dévouement à temps plein. Le portrait est clair et facile à caricaturer. Je suis probablement une adepte de l'*attachment parenting*. J'entends par là que si je remplissais un questionnaire qui établirait où je me situe sur le spectre de l'éducation de mes enfants, je me trouverais certainement plus près des granoles que des *Tiger Moms*. Or, pour les critiques du mouvement, il y a dans cette façon d'aborder la maternité un asservissement pour les femmes, à qui on demande d'être des nourricières toutes dévouées à leur enfant sans égard à leurs propres besoins. Pour ces féministes de deuxième vague, l'autonomie professionnelle et financière est sacrée, sans compter qu'elles considèrent que l'instinct maternel n'existe pas, que c'est une chimère inventée par le patriarcat pour garder les femmes dans des positions socialement inoffensives.

Alexie roule des yeux. «La raison pour laquelle les féministes de deuxième vague dévalorisent la maternité à temps plein, c'est qu'elles considèrent que notre valeur en tant que personne s'établit en lien avec notre activité économique. Mais c'est une erreur: il ne devrait pas y avoir de différence de valeur entre l'activité d'une travailleuse et celle d'une mère à temps plein.» Simple de même? Souhaiter que la valeur des êtres humains ne soit pas mesurée selon quelque échelle excluante que ce soit (il faut entendre Alexie et Geneviève gémir, trembler et vaguement vomir à l'évocation du discours selon lequel il est difficile pour une artiste d'être une mère: «Franchement! Pis pour la caissière de l'épicerie, tu penses que c'est plus facile d'être une mère? Avoir un enfant, c'est un frein à plein d'affaires, c'est comme ça pour tout le monde. Cette *bullshit*-là, les *"C'est sûr que je suis irascible avec mes enfants, je suis une artiiiste et j'ai besoin de ma bulle"*, ça me pue au nez. On *deale* avec la vie pis on continue, artiste ou pas.»), c'est bien beau, mais n'est-ce pas difficile à concrétiser? La parité dans le couple, par exemple, c'est atteignable ou pas? Comment vivre l'égalité dans l'intimité sans mener son couple comme une PME? «Je lave ma moitié de bol de toilette, tu laves l'autre moitié? Non merci. Compter, ça m'intéresse pas», lâche Alexie. Geneviève renchérit: «C'est malsain de compter.» Elles sont partisanes du partage organique, sans insister sur l'égalité à tout prix. «Chez nous, j'en fais plus que lui, parce qu'il travaille plus que moi. Au début, je trouvais ça difficile, mais au final, ç'a du sens, ça nous semble naturel», pense Geneviève. «Ce qui a été vraiment difficile, ç'a été de renoncer à l'autonomie financière. Quand j'ai lâché ma grosse job pour me retrouver sans salaire, ç'a été un gros choc. Pas parce que je perdais en richesse, mais parce que je perdais la liberté de dépenser mes sous comme je l'entendais. Tout à coup, j'étais dépendante de mon chum.» Alexie hausse les épaules: «Oui, mais c'est juste une alliance économique. Il y a plein d'autres sortes d'alliances.» «Maintenant, j'ai moi aussi un salaire normal, alors les choses se sont équilibrées un peu, mais ça a été long, pour moi. C'est mon chum qui m'a aidée à assumer ma situation. J'étais incapable de lui demander de l'argent, je me sentais ridicule. Il a patienté jusqu'à la fin des névroses. Il m'a donné une carte de guichet. Il a dit: "C'est juste de l'argent." Quand on s'est connus, c'est moi qui faisais le plus gros salaire. Il ne se sentait pas menacé par ça. Maintenant, c'est lui qui est avantagé.»

Alexie continue de s'insurger contre tous les préceptes, économiques ou moraux, qui sont perçus comme la norme pour les femmes. «En lisant Alice Miller *(C'est pour ton bien)*, j'ai compris que toute cette pression-là, ça remonte à loin. Au Moyen Âge, on disait que les coliques, c'était la volonté de Satan qui s'exprimait à travers le bébé, parce que le bébé provenait de la femme. On a arrêté de parler de Satan, mais c'est du pareil au même.» Elle évoque Elizabeth Smart, parle de la simplicité désarmante du parentage naturel, signal/réponse, signal/réponse, et se demande si elle réussira, à mesure que son fils grandira et s'éloignera d'elle, à ne pas perdre le fil. «Moi, je pensais que je serais une mère pourrie. Je voulais même pas prendre des bébés dans mes bras, ça me mettait mal à l'aise. Vous savez, le personnage de Fanny Mallette dans *Continental (un film sans fusil)*? Elle est dans une fête et quelqu'un lui largue un bébé sur les bras. Elle est complètement désemparée, et le bébé finit par tomber par terre. Quand j'ai vu ça, je me suis dit : ça, c'est moi. Mais quand mon enfant est arrivé, c'était autre chose. Le cliché est énorme, c'est sûr, mais ça reste vrai. Quand ton enfant arrive, c'est une rencontre avec une altérité absolue. Un *alien*. Mon instinct, il a été nourri des lectures que j'ai faites sur la maternité, pendant ma grossesse. Maintenant, il se tient tout seul.»

Quand je leur demande de quoi ont besoin les mères, elles parlent tout de suite du réseau. «Un congé de maternité, c'est plate, qu'on se le dise. Je suis sure que plein de mères ont été sauvées de l'abime grâce aux réseaux sociaux», dit Geneviève. Alexie est d'accord : «On a besoin d'une communauté, on a besoin de monde.» Elles se considèrent toutes deux comme des féministes, mais quand je leur demande ce que c'est, une mère féministe, elles semblent perplexes, peut-être agacées, devant la question. «Une mère féministe, c'est d'abord une mère libre, qui fait ce qu'elle veut», commence Alexie. «Ça sert à rien de se dire féministe si ça se limite à un discours. Les gestes, ça compte. Il faut cesser de douter de soi, il faut reprendre le pouvoir.» J'entends :

reprendre le pouvoir aux médias, aux babyboumeurs, aux *sancti-mommies*, aux missionnaires de la maternité, aux mères du parc Laurier et leur apparente richesse-beauté-détente, à Gwyneth Paltrow. «Ce n'est surtout pas, en tout cas, s'obliger et obliger nos enfants à faire des merdes qui ne nous tentent pas. C'est se laisser et leur laisser la liberté de choisir qui être, quoi aimer, sans jugement.»

Leurs paradoxes assumés, leurs questions, tout ça est une consolation. «Il n'y a pas de réponse. Il n'y a jamais eu de réponse. Il n'y aura jamais de réponse», disait Gertrude Stein. Je repense à Annie, et à son observation selon laquelle la mère d'enfants nombreux, c'est peut-être celle qui n'a plus ni questions, ni réponses. Comme si l'état de maternité idéal, c'était un état purement instinctif, et que la clé résidait sans doute dans notre tolérance à l'incertitude. Ne pas nier les états conflictuels, pour commencer.

Alexie vient de se séparer du père de son fils, et elle observe sa solitude avec un genre de curiosité perplexe: «Je suis sortie pour la première fois en tant que mère séparée, l'autre soir. Je me suis rendu compte que j'étais bien, assise dans un bar! Le lendemain matin, je pouvais me lever pis parler à personne, me faire un café. C'était indiscutablement agréable. Et en même temps, c'était profondément étrange.» Geneviève opine, elle qui vit en famille recomposée, avec une fille ainée qui n'est pas toujours chez elle: «Quand on se rend compte qu'on n'a pas pensé à son enfant de la journée, on se sent coupable.» Alexie n'en est pas encore là, le changement est trop frais, et le besoin d'exulter après une séparation est évident. «Sauf que je gage que tu te sens coupable de ne pas te sentir coupable», rigole Geneviève. Qui a raison, évidemment. «On se sent tout le temps coupable», résume-t-elle simplement.

Ne pas nier non plus nos failles, nos démissions («Un iPad, c'est une démission. Mais pour moi, inscrire ses enfants à quatre activités parascolaires, c'est aussi une démission. On le fait toutes.»), nos deuils, nos hontes («Enceinte, on se fait une image d'un bébé idéalisé, et là il arrive, et c'est un bébé-chat, c'est un bébé-poulet, c'est un animal. Il y a une étrangeté déconcertante dans la rencontre.»). Ne pas nier, puis partager. Geneviève bondit: «On a besoin d'empathie, on a besoin d'un *break*!» (J'entends Madeleine dire la même chose, à 40 ans et quatre enfants). Geneviève trouve que la maternité est un sujet éculé, et qu'on a beaucoup tiré sur le filon de la «mère indigne» ces dernières années (tout en vouant une admiration absolument non feinte, tout comme moi, à l'auteure du blogue qui est à l'origine du terme au Québec, Caroline Allard), en ce sens qu'il est devenu *cute* de relater avec une certaine fierté nos égoïsmes ou notre pseudodétachement par rapport à nos enfants ou à notre rôle de mère (or, à mon avis, *Les chroniques d'une mère indigne* constituaient surtout une soupape drôle, assumée et très certainement revendicatrice d'une meilleure compréhension du rôle de mère, plutôt qu'un défoulement ou un constat d'échec. N'est pas fin renard qui veut, forcément — mais Caroline Allard l'est, sans conteste).

Ce que j'entends dans les voix de Geneviève et d'Alexie, c'est le même souhait que le mien: le dévouement *et* l'instinct *et* l'égalité et l'ambition, dans la même mère. «On dirait que ça commence à arriver, lance Geneviève. On commence à admettre qu'il y a une multiplicité de points de vue. Admettre sa vulnérabilité, ça aide tout le monde. Moi, je ne veux pas être une mère indigne. Je veux être une mère digne.» Puis, elle commande un autre martini, même si le dernier l'a laissée sur sa faim — pas assez sec, et chiche, en plus. Alexie est d'accord. D'ailleurs, elle y va pour un négroni.

Bons baisers du postpartum, édition toxique

17 aout 2002, quatre mois après la naissance
de Fils un

À PARTIR DE DEMAIN, régime strict :
- Exercices complets pendant la sieste.
- Une heure de marche chaque jour.
- Pas de pâtes, pas de dessert, pas de gras, pas de Coke.

Abandonner serait faible.
Renoncer serait faible.
Ne te plains pas, n'en parle pas trop.

Les reines de la pataugeoire

À PROPOS DES CORPS DE MÈRES : il y a peu d'expériences plus désagréables, pour qui n'entretient pas avec son corps postgrossesse une relation idyllique, que de se retrouver à la pataugeoire d'un parc montréalais, un matin d'été, en compagnie d'une horde d'autres mères. D'aucunes s'avanceront pour affirmer que le parc Laurier offre l'expérience *la* plus déplaisante de toutes, mais le parc Kennedy à Outremont ne donne pas sa place non plus. Je n'ai jamais poussé l'audace jusqu'à me rendre au parc Westmount, mais ça ne doit pas être piqué des vers non plus (quoique là, on risque peut-être d'apercevoir plus de nounous que de mamans, et alors l'expérience est en partie faussée).

Se tenir debout en maillot de bain dans dix pouces d'eau, à se contorsionner dans des angles plus flatteurs les uns que les autres pour empêcher notre descendance de se noyer ou d'arroser Lou-Félix-Antoine-Jules, tout ça au beau milieu d'une ville, avec pour seule protection entre soi et le reste du monde urbain une misérable clôture *frost* : si vous n'avez jamais mis les pieds dans une pataugeoire, vous ne pouvez pas savoir qu'il y a là un exercice d'humilité et d'humiliation quasi certaine.

Parce que si vous, vous vous contentez d'un modeste une-pièce de natation, le plus couvrant ou le plus anonyme des maillots qui trainent au fond de votre tiroir et qui vous permettent de trimer juste le minimum de bikini requis pour être acceptable aux yeux de la société moderne (du moins, au nord de Burning Man), sachez que vous ne rencontrerez pas que vos semblables sur le chemin de la pataugeoire.

1. Vous croiserez quelques mères encore plus pudiques que vous: elles auront adopté le tankini-jupette, la plupart du temps dans de tristes imprimés vaguement hawaïens (qui sont les seuls imprimés offerts aux tankinis-jupettes, comme si même les compagnies de maillots avaient capitulé, comme si leurs cadres, dans leurs tours de bureaux de Santa Monica ou de Richmond, Virginia, s'étaient dit: «Mais il n'y a que les tristes femmes qui maudissent leur corps pour porter ces trucs, alors *why bother?*»). Celles-là auront les épaules légèrement voutées et le teint brouillé. Mais elles auront apporté des collations.

2. Il y aura quelques irréductibles en vêtements, qui refuseront carrément de s'abaisser à porter un maillot, même dans les plus violentes chaleurs, et vous les verrez rouler leurs jeans jusqu'à la cuisse, le front perlé de sueur, la mine accablée et l'esprit dangereusement attiré par le trio *New Yorker* / *The Atlantic* / *Liberté* qui traine dans leur sac. Celles-là, en les croisant, vous les saluerez avec respect.

3. Et puis il y aura les bikinis triangles. Les bikinis triangles (ou, pour reprendre l'appellation de Geneviève Pettersen, les *plotes de pataugeoire*) ne font pas de distinction entre la plage à Mykonos et le parc Jarry. Si le soleil brille et qu'il y a ne serait-ce qu'une flaque d'eau au sol, elles se déchirent la chemise et exhibent les formidables atouts que trois bébés et 48 mois d'allaitement cumulés n'auront pas altérés le moindrement. Ventre plat et hâlé, seins fiers, fesses hautes et cuisses-qui-se-touchent-pas, les bikinis triangles

sont souvent assises au bord de la pataugeoire. Elles trainent régulièrement une amie avec elle, et cette amie profite généralement du même privilège corporel, ce qui n'est pas sans vous agacer (parce que, disons-le franchement, tout vous agace un peu). Pendant toute la durée de leur séjour à la pataugeoire, vous les observez du coin de l'œil et vous priez pour qu'elles soient les gardiennes, les nounous, les grandes sœurs, les cousines — tout, mais pas les mères de cette ribambelle d'enfants qui tournoie autour d'elles pendant qu'elles déposent leurs Ray-Ban au bout de leur nez. Mais immanquablement, le moment finit par arriver : un des mioches se pète la fiole ou réclame un jus, et c'est avec un retentissant «mamaaaaaaan» qu'il le fait savoir. Et alors la bikini triangle se lève, reine incontestée de la pataugeoire, et marche en prenant tout son temps, histoire d'assoir sa souveraineté sur les modestes anonymes, les tristes tankinis-jupettes, et les irréductibles habillées.

Impossible bien sûr de savoir qui est la plus heureuse de ces femmes, ou qui s'amuse le plus avec ses enfants, ou qui aura le meilleur cul le soir venu. Mais pour le moment, sur l'échiquier de la pataugeoire, les reines des triangles l'emportent, et toutes les autres en sont quittes pour une bonne dose de noir broyé.

Il n'est pas venu

TU N'AS PAS PARLÉ. C'est ton amoureux qui a envoyé le texto. Laconique, comme on l'est quand ça fait très mal. *Eu les résultats. Ça n'a pas marché. Profitez bien de vos vacances.* Nous étions sur la route, à ce moment-là, dans le glorieux soleil de Kamouraska, à écornifler une maison à vendre, minuscule maisonnette de bois avec pour voisins la montagne, la mousse, la mer. S. ramassait des framboises sur le chemin avec le petit, tandis que le grand combattait des fruits récalcitrants sur une machine portative. Dire que nous baignions dans notre privilège serait un euphémisme.

Au même moment, toi, ma belle amie, tu pleurais sur le plancher de ta salle de bain, une autre défaite à t'accrocher au cou comme un badge d'officier. Trois ans d'une guerre contre l'ennemi, et ni toi ni ton amoureux n'aviez l'impression d'avoir gagné quoi que ce soit. Trois ans d'espoirs et de déceptions, de prises de sang, de visites à la clinique où chaque fois on vous présentait un médecin différent, où chaque fois une infirmière fronçait les sourcils en regardant votre dossier, où chaque fois, le mystère de cette guerre s'épaississait.

Il y a eu des victoires, aussi. La fois où ça a marché. Neuf semaines bénies où vous avez entendu un cœur, petit cheval magnifique dans l'écho du stéthoscope. Mais le sang ne cédait jamais tout à fait sa place, et puis un matin il a repris ses droits et le petit cheval s'est éteint. Il y a eu les follicules qui fécondent à chaque coup, une forme d'encouragement au milieu des tranchées: ton amoureux et toi, vous êtes compatibles. Pas d'enfant encore, mais de maudits beaux embryons.

Les victoires, vous le saviez, n'en étaient pas vraiment. Les victoires étaient des feintes de l'ennemi, des guets-apens, pour mieux vous mettre à terre. Parce qu'après les victoires, l'inévitable déception, avec chaque fois le cœur un peu plus meurtri. Et les *fucking* médecins qui ne vous expliquaient rien, ne vous rassuraient pas, et vous regardaient à peine en passant votre carte soleil dans le système.

Entre deux batailles, vous défrichiez d'autres chemins. Une soirée avec les intervenants de la DPJ et leurs mises en garde douloureuses. Une soirée avec cette amie comédienne, puis cette amie chorégraphe, toutes deux parties chercher leur famille en avion: ces soirées-là, l'espoir reprenait, la conversation était douce comme du vin au fond de la gorge. Des téléphones aux agences, où la liste des contraintes s'allongeait. Pas mariés? Chlak, un coup de machette. Pas millionnaires? *Chlak,* un coup de machette. Pas fait le deuil d'un enfant biologique *même si on sait tous que ça prendra des années avant de voir arriver un enfant de l'étranger et que rendus là, vous aurez traversé des années de tranchées supplémentaires et que tabarnak, on peut-tu se dire que ça compte pour un OUI-J'AI-FAIT-MON-DEUIL dans le formulaire d'inscription, ça? Chlak, chlak, chlak, chlak.*

Vous avez déclaré des trêves. Vous avez rangé vos cœurs lourds et vos pieds de plomb, le temps d'un voyage, ou d'un contrat, ou d'une rénovation, n'importe quoi pour tromper le sort, n'importe quoi pour tenter de mettre en pratique l'absurde conseil (les hosties de conseils comme des clous dans les mains) *d'arrêter d'y penser, c'est toujours à ce moment-là que ça se passe.* Mais vous vous saviez en permission seulement, l'uniforme de soldat pendait toujours devant les autres dans votre placard, qui aurait pu vous blâmer de vouloir le tirer au bout de vos bras, qui aurait pu oser vous blâmer alors que tu passais déjà toutes tes nuits, nuits de sommeil fou et torturé, à te tenir responsable toi-même ?

Un soir cet été, autour d'une table, quelqu'un lance : *la reproduction n'est pas un droit*. Il parlait du programme québécois de procréation assistée. Il ne parlait pas de toi, mais d'un autre couple, soldats à la même guerre. Il voulait dire par là qu'il n'était pas certain que le programme ait sa raison d'être, que le fait d'avoir des enfants ou pas ne relevait pas d'un droit, mais de la vie elle-même, et qu'au même titre que la vie ne nous offre pas toujours une brassée de cartes idéale dans tous les départements, par exemple, de la beauté, de la santé ou de l'amour, la vie peut également ne pas nous offrir la fertilité. Objectivement, il n'avait pas tort. Se montrer philosophe devant les injustices de l'existence est certainement une option valide, une option anxiolytique, en tout cas. Moi-même, je n'ai pas que des éloges à faire à ce fameux programme. Je pense qu'il pose des questions d'éthique complexes et pas loin d'être inextricables (sur l'âge, par exemple). Je pense aussi que les médecins, tout bienveillants qu'ils soient, frôlent le travail à la chaine dans ce domaine, et qu'il doit bien y avoir une façon plus humaine de conjuguer fertilité et rentabilité.

Mais quand il a dit ça, c'est toi que j'ai vue. Ta belle face douce de vrai cœur d'or, ta face de marraine d'exception, ta face ruisselante de larmes qui mitraille *j'ai presque 40 ans j'ai pas d'enfants j'aurai peut-être pas d'enfants si j'ai pas d'enfants je serai qui si j'ai pas d'enfants je serai qui*, qui le mitraille comme un reproche, ta face qui se maudit à chaque cycle à chaque nouvelle boite de tampons à chaque câlisse de trajet plate jusque chez OVO.

Et j'ai pensé : peut-être pas un droit, d'accord. Mais sous-estimer l'impact identitaire que peut avoir la maternité (ou la non-maternité) et la réduire à un choix de vie parmi d'autres — voyages, habitudes sexuelles, alimentation, chirurgie esthétique — serait une grave erreur. D'abord, malgré les efforts des féministes depuis des décennies pour transformer la perception de ce que «devrait» être une femme, la maternité demeure, dans l'inconscient collectif, un pivot central de l'identité des femmes—il faut entendre les femmes qui ont choisi de ne pas avoir d'enfants pour saisir toute l'ampleur de cette croyance. La plupart du temps, lorsqu'elles énoncent leur choix, ces femmes reçoivent au mieux des regards médusés, au pire des commentaires gorgés de mépris. Sans parler des femmes qui briguent des postes traditionnellement masculins, en politique par exemple, et qui se font toutes poser la même question, *ad nauseam*, question qu'aucun journaliste ne penserait poser à un homme dans la même position : comment ferez-vous pour tenir cet emploi tout en élevant vos enfants ? Ce n'est pas la question qui est déplacée. Moi, par exemple, ça m'intéresse de savoir comment qui que ce soit réussit à élever ses enfants dans des conditions difficiles ou exigeantes. Ce qui est déplacé, ce qui est indécent, c'est ce rappel, à travers la question, que la place primaire d'une femme est auprès de ses enfants.

Tu sais tout ça. Tu le sais et tu es aussi féministe que moi. Le vrai drame, c'est que si ce n'était qu'une question de positionnement féministe, le problème serait réglé depuis longtemps. Tu écouterais la féministe Jessica Valenti déclarer qu'elle refuse d'être une «mère d'abord, femme ensuite», pas parce que ses enfants ne sont pas au centre de sa vie, mais parce que pour assurer la vraie égalité homme-femme, il faut savoir se définir dans la sphère individuelle avant de se définir dans la sphère relationnelle. Il faut être «femme d'abord». Tu écouterais et tu approuverais et tu ferais toutes les grandes choses qui te sont destinées.

Mais ce n'est pas de ça dont il est question, tu le sais. Ce dont tu parles quand tu dis *si j'ai pas d'enfants je serai qui si j'ai pas d'enfants je serai qui*, c'est de ton amour pour ces enfants qui ne sont pas (encore) venus. Tu parles comme une amoureuse égarée, en déroute, tu parles comme les Grecques de Sophocle, tu parles d'un mystère qui se passe de mots, et cet amour est si fort déjà, cet amour est si profondément maternel (après la fausse-couche, tu te souviens, je t'avais dit : *maintenant vous êtes des parents.* C'était pompeux et un brin bienpensant, mais ce soir-là quand je l'ai dit, je savais que c'était vrai, et chaque jour depuis, je sais que ça l'est toujours) qu'il agit comme une bombe sur son passage. Tu me souffles, avec ton courage et ta persévérance, mais tu me souffles surtout avec ton amour.

«*My wars are laid away in books*», écrivait Emily Dickinson.

En recevant le texto et en comprenant que rien n'était fini, que vous aviez encore de nombreux combats devant vous, j'ai pensé : les vôtres, de guerres, elles sont toutes taillées dans l'amour.

Prière de la seconde chance

Je suis une prieuse.

Toujours été. Une prieuse agnostique, pessimiste, anxieuse, cynique par moments, une prieuse pop, rabat-joie et bébé-lala. Mais une prieuse, certainement.

J'ai prié les dieux, la lune, la vie, mes morts.

J'ai demandé des faveurs, des chums, de la job, des voyages.

J'ai demandé à l'avion de ne pas tomber—ou à tout le moins, comme dit ma mère, de tomber seulement lors du vol de retour.

J'ai demandé du courage (parfois obtenu), j'ai demandé qu'on m'envoie des signes (jamais obtenus).

J'ai prié pour être vue, prise, reprise ou libérée.

J'ai demandé d'être épargnée, de ne pas être trompée.

J'ai souvent trouvé ça con.

«Que c'est bête de te parler quand t'es pas là pour écouter», dit la chanson.

Exact. Exact. Que c'est bête de prier.

Que c'est faible.

Que c'est... affligeant.

Et pourtant me voici.

Avec une prière, une vraie, une prière en bonne et due forme.

Implorante, éperdue, une prière de petite fille.

La prière de la seconde chance.

On dit qu'«un second mariage, c'est le triomphe de l'espérance
sur l'expérience».
Une citation parfaite. Un peu drôle, un peu cynique, surtout vraie.
Une citation qui prend la honte à bras-le-corps et qui lui fait la
prise du marteau-pilon en lui criant : «Quin toi, tu m'auras pas
vivante.»
Je voulais une prière comme ça. En forme de prise de lutte.
Parce que le temps de la honte est révolu.
J'ai beaucoup pleuré la faillite de ma première union, ma famille
explosée. Je l'ai portée pendant des années au poignet comme
un tatouage de prisonnier.
Je l'ai cachée, fautive, sous mon sourire de fille-qui-assume.
Je l'ai parfois cajolée, c'est vrai, je me suis parfois drapée de com-
plaisance, j'ai eu envie de m'y vautrer.
J'ai surtout foncé tête baissée dans ce qui m'attendait, j'ai souri
à mon fils et j'ai changé seule les ampoules du plafond sans
broncher.
Et j'ai prié.
Un nouvel amour une nouvelle marche j'ai prié pour une nouvelle
croix à porter.
Et comme il faut se méfier de ce qu'on souhaite, j'ai été exaucée —
Un nouvel amour une nouvelle marche une nouvelle croix sont
arrivés.
Sors ton sourire de fille-qui-résume et dit : «Celui-là, c'est le bon,
je l'ai trouvé.»
Mais encore, petite conne ? Ça suffit pas, ça. Maintenant il faut
vivre.
Maintenant il faut faire de la place.
Tasser les vieilleries et les bibelots encrassés,
Et laisser
L'autre
Entrer.

Mais encore, petite folle?
J'ai prié.
J'ai prié pour que cet amour-là dure.
Pour la grande réconciliation des âmes.
J'ai prié pour avoir la force de ne pas me défiler.
Et avec le temps, malgré la peur et le vertige,
J'ai prié pour un bébé.
Et comme il faut se méfier de ce qu'on souhaite,
J'ai été exaucée.
Je braverai donc les madames du Jean Coutu, de l'épicerie, de
    l'hôpital ou de la buanderie qui me lanceront, déjà méfiantes,
    en voyant la différence d'âge d'avec le premier: «C'est pas le
    même père, hein?»
Je braverai les noms de famille multiples sur mes fiches d'inscrip-
    tion aux camps d'été.
Je braverai la peur panique de perdre ce qui a été durement, lon-
    guement gagné en intimité.
Je braverai la crainte du laisser-aller, du grand schisme amoureux,
    du trou noir.
Je braverai l'idée de la deuxième famille, et si tout va bien, si je
    suis exaucée, j'enlèverai le mot deuxième, pour ne garder, crâ-
    neuse, que le mot famille.
Et je prierai.
Jusqu'en septembre—à ton arrivée—je ne cesserai de prier.
Une prière toute courte qui te sera adressée et qui dira,

Cher bébé,
Puisses-tu naitre avec tous tes morceaux,
Et un bon tournevis dans ta minuscule main potelée,
Puisses-tu t'en servir pour ouvrir le cœur de ta pauvre mère,
Toute coincée,
Pleine d'amour mais pétrie de doutes pourris,

Puisses-tu la sortir de sa torpeur,
Et lui enseigner toute l'étendue de sa stupide rigidité.
En échange je te promets un grand frère adorable, un père
inestimable,
Je te promets une famille sans chiffres,
Et les dimanches, il y aura des gaufres au beurre d'érable.

Rachel Cusk, Sylvia Plath, Anne Sexton et les autres : mères sombres

LES LIRE AVEC FASCINATION, avec avidité.
Les lire parce qu'elles m'inspirent crainte et jugement.
Les lire pour l'humanité, la terrible humanité de ces mères de l'ombre.

La romancière Rachel Cusk, écrivaine anglaise à la plume acérée, a relaté dans son essai *A Life's Work : On Becoming a Mother* les premiers mois de la vie de sa fille ainée. Critique et caustique dans sa fiction, Cusk se révèle absolument impitoyable dans le réel. La maternité bénie, baignée dans la lumière dorée de la communion mère-enfant, très peu pour elle. Son expérience est pénible, par moments suffocante. Déjà, la grossesse lui apparait comme une prison, une prise d'otage par un ravisseur sans visage, et elle est constamment tentée par l'évasion, jusqu'à ce qu'elle se souvienne qu'il n'y a pas de retour possible. La naissance survient forcément, et l'écrivaine est profondément désarçonnée par la présence de sa fille, animal étrange et étranger, qui lui bloque la vue de sa vie d'avant : «Parfois, j'arrive à lire, ou à travailler, ou à parler, et j'y prends plaisir. Puis, elle se réveille inopinément et se met à pleurer ; et alors, la douleur d'avoir à traverser d'un monde à l'autre est aigüe.»

Le poids de la responsabilité maternelle (il est clair ici que ses préoccupations ne se limitent pas à la responsabilité parentale en général, mais parlent bien davantage du poids moral, culturel et physique qui repose sur les épaules des mères) lui est par moments insupportable : l'allaitement n'est pas que contraignant ou épuisant, dans les mots de Rachel Cusk, il est obsédant, une perpétuelle faille, une plaie béante. L'idée de la présence indispensable, difficile à dissocier de l'acte d'allaiter, est douloureuse pour elle comme je soupçonne qu'elle l'est, du moins les premiers mois, pour beaucoup de femmes. Très peu réussissent à évoquer cet état avec autant d'acuité qu'elle :

> Tout ce qui est attendu de moi, c'est que je sois là ; un « tout » énorme, évidemment, parce qu'être là implique forcément de n'être nulle part ailleurs, être prête à abandonner tout le reste. Le fait d'être moi-même ne compense en rien le fait de n'être pas là.

Rachel Cusk n'est cependant pas une mère détachée, au contraire. Ce paradoxe entre la hurlante envie de se sauver et la fiévreuse affection qu'elle porte à sa fille est émouvante et criante de vérité. Des mots, sur ce vulnérable état, sur nos noirceurs ? Quel baume. « Lorsque je pense à ma fille, je suis saisie d'un désir de réparer toutes mes dépossessions, d'aimer comme je voudrais être aimée : charitablement, totalement, sans aucune ambigüité. » Pour y arriver, elle fait comme nous toutes (ou en tout cas, celles qui ont toujours trouvé dans les livres apaisement et déploiement d'ailes), et elle lit tout ce qui lui tombe sous la main.

Elle étudie les théories de l'attachement, les méthodes d'apprentissage du sommeil, les préceptes d'éducation modernes comme dépassés (sa description du Dr Spock en Vulcain désabusé est très drôle). Elle y trouve des réponses, mais jamais de réel apaisement. L'amour, tour à tour violemment fort et presque absent, ne s'encombre pas d'un horaire, et Rachel Cusk s'inquiète de sa difficulté à entrer dans le « discours officiel » de la maternité — une plainte qui revient régulièrement dans les magazines féminins lorsqu'on aborde la question de la fameuse «mère indigne». Mais en lisant Cusk, on est loin des réponses formatées (parce que même la maternité sombre a son lot de réponses *Clin-d'œil-friendly)*. Cusk rabote à la main, sans analgésique, explorant froidement ses propres névroses, et ne souffrant aucune mièvrerie:

> Serait-il donc vrai qu'il faut vivre quelque chose pour le comprendre? J'ai toujours réfuté cette idée, et pourtant, dans la maternité à tout le moins, il semble que ce soit le cas, pour moi. Je lis comme si je lisais des lettres d'outre-tombe, des lettres m'étant adressées mais n'ayant jamais été ouvertes; comme si en lisant, je pouvais ressusciter un passé enfui, et le revivre comme je voudrais vivre chaque jour de ma vie à nouveau, dans la perfection et sans malentendu.

Rachel Cusk s'amuse, dans un chapitre, à décrire un article humoristique écrit par un homme sur lequel elle tombe un matin et qui fait un portrait absolument désespérant de la vie de famille. Adieu weekends bénis, adieu brunchs et *New York Times* du dimanche étalés sur le plancher inondé de soleil, adieu cul spontané, adieu plaisir, adieu toute possibilité de bonheur maintenant que la vie n'est que couches sales et crises de morveux. Après avoir lu sa vision malheureuse des premiers jours avec un bébé, on aurait pu penser que Rachel Cusk se serait liguée avec ce père fielleux, de toute son âme. Or, il n'en est rien. «Je ne peux pas souscrire à l'enfer qu'il décrit, non parce que je ne le reconnais pas, mais parce que les difficultés d'être parent sont si impitoyablement intenses que je suis tentée de fouiller plus loin pour en trouver le sens, la cause.» Rachel Cusk refuse la voie facile, refuse de céder à la fois à son instinct, dont elle se méfie, toute submergée qu'elle est, et aux dictats de son époque ou de son milieu sur la nature et la fonction d'une mère. Elle résiste, elle cherche, elle s'échine : n'y a-t-il pas là, aussi, un grand dévouement ?

La mère sombre paroxystique, évidemment, demeure la mère suicidaire. Et sa sœur tragique, la mère suicidée. Dans son très beau roman *La fée des balcons*, l'auteure Maude Favreau décrit, avec une précision qui n'a d'égale que l'amour porté à ses personnages, une mère sombre, totalement éperdue de sa fille, mais également totalement incapable de lui éviter de devenir « la mère de sa mère » :

> Quand vous étiez petits, maman était triste, oui ou non ? La tristesse est née avec elle, ou bien elle l'a attrapée dans un coin de ta maudite campagne ? Et auprès de qui, et pourquoi ? Est-ce qu'elle va un jour trouver le bonheur à jamais, ou bien il faut que j'oublie ça et que je me concentre pour ne pas faire déborder la coupe de sa peine, pour ne jamais créer de catastrophe naturelle dans la maison ? Mais réponds donc !

Offert du point de vue de la fille, ce portrait de la mère sombre est riche, presque rassurant. Il fait contrepoids à la manière drue, impitoyable, avec laquelle l'Américaine Sylvia Plath (mère de deux enfants, suicidée à 30 ans) décrivait sa propre expérience de la maternité dans *Medusa* :

> En tout cas, tu restes là
> Souffle tremblant au bout de ma corde
> Tourbillon d'eau bondissant
> Vers ma baguette, éblouie, ravie
> Tu touches et tu suces.

Chez Sylvia Plath, la responsabilité d'un autre, d'un être vulnérable, hyperdemandant, est insoutenable. Là où cette présence constante, fusionnelle, d'un enfant à nourrir au sein évoquerait l'amour et le mystère pour de nombreuses mères, Sylvia Plath voit une scène monstrueuse, presque un tableau d'horreur. Il en va de même pour Anne Sexton, elle aussi américaine, dont la relation avec sa fille fut complexe et douloureuse jusqu'à son suicide, en 1974, à l'âge de 45 ans.

> Moi qui n'ai jamais été tout à fait certaine d'être une fille, j'avais besoin d'une autre vie, d'une autre image, pour me le rappeler. Et c'est là ma plus grande culpabilité: tu ne pouvais ni me guérir ni m'apaiser. Je t'ai faite pour me trouver.

Le poème, au titre évocateur *(The Double Image),* est cruel et sans rédemption. Une lettre adressée à sa fille cinq ans avant son suicide nous rend Anne Sexton un brin plus sympathique, ne serait-ce que parce que dans ce moment de lucide introspection, elle comprend qu'elle fait partie d'un cycle, et qu'elle perpétue à son tour les cruautés de sa propre mère (manipulation, victimisation): «J'ai menti. J'aimais ma mère, et elle m'aimait. Elle ne m'a jamais prise dans ses bras, mais elle me manque, tellement que je nie l'avoir jamais aimée — ou qu'elle-même m'a aimée!»

Ce qui frappe peut-être plus que tout le reste, à la fois chez Cusk, Plath et Sexton, c'est qu'elles sont unies par un désir de perfection, de grâce, de sublime, absolument incompatible avec l'état parental, et cette incompatibilité les frustre profondément, les révolte, les blesse. Sylvia Plath le résume ainsi: «La perfection est terrible, elle ne peut pas avoir d'enfants.» Cusk, quant à elle, se montre prudemment optimiste. Elle entrevoit l'éventualité d'aimer sans itinéraire, de concevoir la maternité comme un ensemble de petits cailloux déposés pour former un chemin plutôt qu'un chemin forcément tracé. Sortie des tranchées des premiers mois de vie, elle se prend à vivre des instants bénis avec sa fille, où le pur mystère du moment l'emporte sur l'étouffement et la pulsion narcissique de se sauver en elle-même. Des moments de clarté, dans tous les sens du terme. Elle y va même, vers la fin du récit, d'un brin d'espoir presque cliché, tant il est vrai : «Des moments, voilà peut-être tout ce qui existe désormais.»

La petite maudite

J'AVAIS SEPT ANS et j'étais une sale petite capricieuse en salopette turquoise. Ma mère avait profité de la visite d'une amie d'Abitibi pour nous emmener faire un tour au complexe Desjardins, qui à l'époque recelait encore le charme des Grandes Constructions, et que je trouvais bien étincelant, moi, avec ses fontaines et ses alvéoles de béton brun.

Rapidement, j'ai voulu une babiole à la papeterie-boutique-cadeaux, mon type de magasin préféré à ce moment-là, parce qu'on pouvait y trouver en égales quantités du papier à lettres, des appliqués muraux en porcelaine-et-fleurs-séchées et des calepins à l'effigie de chatons. Je ne me souviens pas de la babiole en question, seulement qu'elle était superflue, et que ma mère me l'avait refusée.

J'étais une sale petite capricieuse, comme je l'ai dit. Ma mère n'était pas riche, et elle était certainement surmenée, et il eut été chic de ma part d'essuyer ce refus avec calme ou, au pire, une petite moue désagréable qui se serait enfuie devant le premier jujube venu. Mais comme j'étais une sale petite capricieuse, et entêtée par-dessus le marché, je ne m'en suis pas tenue à ça. Non, moi, j'ai décidé que ce refus de ma mère constituait une grave injustice, et devant l'injustice des régimes totalitaires comme celui dans lequel je croyais fermement vivre, il faut se révolter. Alors je me suis révoltée.

Je n'ai fait ni une ni deux et j'ai planté ma mère là, en pleine papeterie-boutique-cadeaux dont les effluves d'encens auraient déclenché une migraine chez un mort, et je me suis sauvée. Ma mère, habituée à mes éclats de *drama queen* en herbe, ne s'en est pas préoccupée outre mesure, histoire de me montrer que mon chantage n'avait pas de prise sur elle. Sauf que moi, je n'avais pas l'intention de la laisser gagner cette guerre des nerfs, et au lieu de m'arrêter un peu plus loin, j'ai décidé de sortir du complexe Desjardins et de poursuivre mon chemin.

Mon objectif était de me rendre jusqu'à la vieille *Volvo* bleu marine, de m'accoter sur la portière et de croiser les bras jusqu'à nouvel ordre. Je piochais allègrement sur le trottoir pour signifier au monde entier qu'on m'avait flouée d'un calepin à motifs de toucan ou d'un crayon avec une plume fuchsia au bout. Mais arrivée devant la *Volvo*, j'étais toujours furieuse, et ma soif de vengeance n'en était que plus forte.

Alors j'ai continué à marcher.

Je n'avais pas d'autre objectif. Je voulais seulement continuer à marcher, continuer à la punir, je voulais seulement *tenir mon bout*. Au coin de Saint-Laurent, j'ai choisi de continuer. Au coin de Saint-Denis, j'ai choisi de tourner à gauche et de monter. Au coin de Sherbrooke, j'ai choisi de tourner à droite et de continuer. Au coin d'Amherst, je me suis arrêtée au dépanneur, j'ai pêché les 75 sous qui m'attendaient au fond de la poche de ma salopette turquoise et je me suis acheté une *Oh Henry!* À ce stade-là, je n'étais plus furieuse. J'étais affamée, j'étais suante et j'étais un brin exaltée d'avoir fait ça.

Le complexe Desjardins était maintenant trop loin pour que j'y retourne, et comme c'était des décennies avant la venue des cellulaires, je n'avais personne à appeler pour faire taire les inquiétudes. J'aurais pu appeler à la maison, c'est vrai. Ma grand-mère y était, en visite elle aussi. Ça aurait aidé tout le monde, c'est évident. Mais la liberté était douce, et le geste subversif était *thrill-lant* comme aucun autre avant lui. Et puis de toute manière, mon dernier 25 sous venait de s'envoler en chocolat.

Alors j'ai continué à marcher. Je connaissais bien la rue Sherbrooke, que je voyais défiler sous mes yeux dans l'autobus de la ville tous les matins d'école, mais je ne l'avais encore jamais dévalée toute seule jusque chez nous, avenue De Lorimier. Ma fugue était super : ensoleillée, active, responsable (ben quoi ? Je m'en allais quand même chez nous !). Je me sentais invincible, grande, formidable. Ma mère ne pourrait pas être fâchée : elle serait bien trop impressionnée par mon exploit. Lorsque j'ai vu l'ombre de ma grand-mère se profiler au sommet des escaliers intérieurs de notre appartement au troisième étage, j'ai su que je m'étais trompée. Elle était grise, l'air totalement funeste. Elle m'a à peine parlé, et s'est contentée de me demander si j'étais correcte.

J'ai choisi de ne pas parler de l'exaltation et de la liberté et de la subversion galvanisante.

L'heure qui a suivi est toujours restée flottante, dans ma tête. Je me suis assise sur mon lit et j'ai attendu. Ma mère ne rentrait pas. Ma grand-mère frottait le four, pour se défouler, je suppose. Je ne savais pas qu'à l'époque, le complexe Desjardins était un repaire de pédophiles et de *creeps* en tous genres. Ma mère et ma grand-mère, elles, le savaient.

Au bout d'une éternité, ma mère a téléphoné, et ma grand-mère lui a fait savoir que j'étais rentrée. Pas que j'avais téléphoné, ce qu'elles espéraient, mais que *j'étais rentrée*. Ma mère a demandé à me parler. Je me souviens avoir trouvé sa voix distante, comme si elle me parlait d'un pays lointain où les lignes téléphoniques sont aussi capricieuses que les petites filles.

Elle a dit, avec le calme le plus calmement terrorisant que j'aie jamais entendu avant ou après dans ma vie : « Je vais aller prendre une bière chez mon amie Hélène. Ensuite, je vais rentrer à la maison. Mais je voulais juste te dire : si jamais tu me refais ça, ne serait-ce qu'une fois dans ta vie, je te promets, *je te promets* que je vais te faire la même chose. OK ? Bye. »

Quand je pense aux années 1980, je vois toujours une salopette turquoise, un calepin au design douteux, une *Oh Henry!* et deux femmes trentenaires assises sur un balcon du Plateau-Mont-Royal, les pieds juchés sur la rampe, une Black Label à la main, l'une d'elles avec un cœur torpillé, survivant.

L'enfant enfui

Chuchoter avec Alexia Bürger

POUR MA MÈRE, c'était au beau milieu d'un stage d'immersion française. Le «stage de janvier», comme on l'appelait chez nous depuis qu'elle avait décroché, quelques années plus tôt, ce contrat d'enseignement du français langue seconde à des juges de la cour fédérale canadienne. Elle y participait trois ou quatre fois par année, hiver, printemps, été, automne.

Pour la mienne, c'était le matin du 7 avril 2009.
Elle allait porter de la nourriture à son fils qui ne répondait pas à ses appels depuis quelques jours.
Toujours pas de réponse à la porte. Elle est entrée dans son appartement.
Dans la cuisine, juste devant le frigidaire qu'elle allait remplir, elle a trouvé le corps de mon frère à quelques mètres du sol, suspendu à une cravate.
Guillaume qui se bagarrait depuis des années pour devenir «un homme», malgré la souffrance qui lui collait au cul et qui ne le lâchait pas d'une semelle, avait décidé de pendre sa vie avec le petit bout de soie que les «messieurs accomplis» portent en guise de médaille.

Le stage de janvier avait toujours lieu au Château Frontenac.
Deux semaines de petits déjeuners au buffet de la grande salle à manger, deux semaines de soupers gastronomiques, de sorties

historicotouristiques dans des savonneries artisanales ou d'anciens sites de guerre de la Nouvelle-France.

Deux semaines d'enseignement, évidemment, pendant lesquelles ma mère donnait huit heures de cours par jour, en s'efforçant de transmettre à ces messieurs-dames du ROC les subtilités de la langue française, parfois jusque dans ses expressions les plus primaires. Un de ses cours s'intitulait «Langue du témoin». Elle y faisait jouer des enregistrements de procès, par exemple, où les témoins baragouinaient ou se perdaient dans des conjectures linguistiques fascinantes, parfois à cause de l'émotion, parfois à cause de leur parcours en barreaux de chaise. Adolescente, j'avais fait la transcription de certains de ces procès pour aider ma mère à élaborer ses modules. Devant ses petits groupes de six ou huit juges, des gens très bien, ma mère se dévouait à la cause des heures durant, et se levait souvent avant le lever du jour pour préparer ses cours suivants.

Une prof totalement dévouée, ma mère.

On m'a dit que, quand les ambulanciers sont arrivés sur les lieux, ma mère ne criait pas. On m'a dit qu'elle se tenait dehors silencieuse dans les marches de l'appartement de mon frère.

Ces stages, c'était aussi un *break* de quotidien, deux semaines pendant lesquelles elle ne préparait aucun repas, ne lavait aucun torchon et ne subissait aucune morosité adolescente. Ça devait lui faire du bien, souvent.

J'allais parfois lui rendre visite. À 15 ou 16 ans, j'aimais beaucoup trainer dans les vieux hôtels élégants, toute seule, sortir dans le mordant de Québec en hiver et marcher jusqu'au Temporel, puis monter aux Plaines et me prendre pour une autre. J'étais très *wild*, il va sans dire.

Ce matin-là, le matin du 13 janvier 1997, je n'étais pas là.

Je n'étais pas venue.

J'avais 19 ans et l'attrait des hôtels commençait à se faner. Je vivais en appartement et je ne m'éloignais jamais trop de celui-ci, de peur de manquer l'appel d'un homme après qui j'attendais, il me semblait, depuis des siècles.

Inutile de dire qu'il appelait très rarement.

Quand les ambulanciers ont voulu lui parler pour mesurer l'état du choc, ma mère la louve leur a hurlé de se la fermer, de la laisser dans son silence.

Il parait qu'elle a crié si fort qu'ils se sont tus malgré la procédure.

Du moins, c'est ce qu'on m'a raconté. Car moi non plus je n'y étais pas.

Et d'ailleurs, en y pensant bien, il me semble que c'est une ironie crasse du sort : pendant que la Tragédie s'abattait sur les épaules de ma mère et que la vraie vie prenait acte de sa fureur au coin de l'avenue du Parc et du Mont-Royal, moi, j'étais au théâtre...

Ma mère s'était levée avant l'aube, comme d'habitude.

Elle avait bu trois cafés, comme d'habitude.

Elle avait lavé ses cheveux, séché ses cheveux, choisi ses bijoux, comme d'habitude. Elle avait salué les collègues, les élèves.

Elle avait donné une première heure de cours.

Puis, on est venu cogner à la porte de sa classe, dans une chambre réaménagée de l'hôtel.

Je me suis demandé souvent ce qui avait habité le silence de ma mère dans les minutes après qu'elle eut décroché le corps de Guillaume.

Qu'est-ce qui peut bien peupler le silence d'une mère qui vient de constater la mort de son fils ?

En fait, pendant des semaines, je me suis imaginé presque chaque jour la scène maudite dont personne n'avait été témoin.

Ma mère qui entre avec son sac de provisions.

Ma mère qui voit.

J'ai cherché tant de fois, malgré moi, à reconstituer cette exacte seconde où la vie de ma mère a basculé. Comme pour empêcher cette seconde de se dresser à jamais devant elle en séparant l'avant de l'après. L'instinct irrationnel d'une fille : arriver à vivre ce moment-là avec/pour elle, avoir l'illusion de la libérer un peu, vouloir porter une part de sa douleur, penser que moi seule, l'enfant restante, possédais l'antidote au vide abyssal qui l'habitera désormais. Pulsion étrange d'une fille, beaucoup plus forte que la raison.

Sa patronne, la mine basse.

Des gens derrière. Qui? Elle ne s'en souviendrait plus dans quelques secondes après.

Après qu'on lui eut dit ce qui ne se dit pas.

Son fils, son Alexandre, ancien bébé bouddha et apprenti hippie, était mort durant la nuit. Une cigarette mal éteinte, un détecteur de fumée oublié. A-t-elle seulement entendu les détails qu'on lui livrait?

Tu le sais mieux que personne, toi l'archiviste de la vie courante : je ne me souviens jamais ni des dates ni des détails du quotidien.

Moi qui ne me souviens jamais de rien, je ne sais par quel phéno-mène étrange je peux t'énumérer avec une précision ahurissante tout ce que j'ai fait ce matin du 7 avril 2009, alors que la vie de ma mère était en train de basculer et que la mienne s'y apprêtait.

Lorsque je pense à ce moment-là, ce moment précis où on lui a appris la nouvelle, je l'imagine avec des jambes qui claquent et s'effondrent au plancher, comme un pantin désarticulé.

J'imagine des mains qui la soutiennent, des mains d'homme mûr, courtaudes, rouges. La patronne lui a proposé qu'on la reconduise à Montréal, quelqu'un (ou peut-être était-ce le père de ce quelqu'un) se portait volontaire.

Je l'imagine traverser les corridors de l'hôtel, le lobby feutré, bourgeois, la détestable propreté de Québec, et quand j'imagine ça, l'absurde contraste entre l'ordre et le désordre me révolte.

Je suis sortie de chez moi sans regarder de l'autre côté du parc, chez Guillaume (pourtant, depuis des mois, je regardais chaque jour chez lui en sortant de chez moi, avec la crainte sourde d'y voir un policier ou une ambulance).

Je suis allée déjeuner au Bagel Etc avec Hervé, mon amoureux de l'époque.

J'ai décidé de manger des huevos rancheros, mais quand la serveuse est arrivée, j'ai commandé un déjeuner classique, changé d'avis comme toujours.

J'ai croisé mon ami François, que je n'avais pas vu depuis des lustres, nous avons parlé, rigolé un peu, nous nous sommes promis de nous voir bientôt.

J'ai quitté Hervé sur le trottoir et je me suis dirigée vers le théâtre où je travaille. Ce jour-là, je devais assister aux auditions des Belles-Sœurs, la directrice du théâtre étant retenue au chevet de sa sœur mourante.

Je suis montée voir l'assistant du metteur en scène, je lui ai dit : «Je reviens dans cinq minutes.»

Je suis passée chercher de quoi noter dans le bureau.

On m'a appelée à l'interphone.

Je suis descendue à la réception. Christine m'a passé le combiné.

La voix calme et brisée de mon père a murmuré : «Écoute... Alex.»

S'en est suivi un silence de trois décennies.

J'ai répondu : «Guillaume?»

Je me suis retournée. J'ai vu Christine immobile, qui me regardait, les yeux dans l'eau.

Je ne sais pas si elle s'est assise sur la banquette arrière, mais quand je pense à elle dans cette voiture, pendant que chez moi s'installait une sorte de camp de base, centrale du deuil naissant, vers lequel toute la famille convergerait bientôt, je l'imagine assise derrière.

Ensuite (je veux dire par là : au commencement de la vie d'après), les choses sont plus floues. Mon père m'a dit quelque chose de grave et doux du genre : «Amour, c'est fini. Il ne souffre plus. Ramasse tes affaires, ta mère et moi, on s'en vient.»
Philippe D. est arrivé, solide comme un roc, je me suis accrochée à lui pour monter chercher mes affaires dans le bureau.

Je l'imagine regarder la neige serpenter sur la 20, hagarde et vivante.

Je suis descendue dans le hall du théâtre. Mes parents sont arrivés. Je me suis lancée dans leurs bras devant le drôle d'air de Luc, au guichet, qui ne comprenait pas ce qui se passait.

Je l'imagine toute petite, je l'imagine enfant, au fond de la berline noire.
J'imagine aussi le monsieur qui conduit. Son silence, son humble silence.

Ma mère était d'un calme olympien. Je l'ai serrée beaucoup trop fort, je crois, je lui ai dit quelque chose d'un peu incohérent dans l'oreille avec une espèce d'agressivité étrange.

J'imagine que sur 225 kilomètres, ma mère a quitté sa peau d'avant (peau de battante peau de mère seule peau d'écorchée peau de mère de trois enfants).

Quelque chose du genre: «Je suis là moi OK je te lâcherai pas je te lâcherai jamais moi OK, je te lâcherai pas…»

Parce que quand nous l'avons cueillie à sa sortie de la voiture, au coin de la rue Gauthier, et que j'ai posé ma main sur son poignet pour l'empêcher, me semblait-il, de se défaire en poudre, j'aurais pu jurer que je posais ma main directement sur son sang.

Elle était comme ça aussi, ta mère, dans l'appartement de la rue Esplanade, quand je suis venue vous voir, ce soir-là. Douze ans après la mort d'Alex, la mort de Guillaume nous rendait encore plus sœurs que nous ne l'étions déjà. Au téléphone, tu as dit: «Maintenant nous sommes des sœurs orphelines toutes les deux.» Ce n'était pas une consolation. Mais le calme qui habitait ta mère ce soir-là, calme de pilules ou calme de choc, peu importe, c'était le même que celui de ma mère. Elle a souri en me voyant, elle m'a dit: «Oh, et Fanny qui va avoir un bébé.» J'étais enceinte de quatre mois, et ce jour-là, c'est le seul jour où j'ai eu envie de cacher cette bedaine. C'était indécent, toute cette vie, tout à coup. Mais dans les yeux de ta mère, rien de ça: elle se réjouissait authentiquement. C'est dire qu'une mère orpheline n'en est pas moins une mère, peut-être? Qu'est-ce qui les a fait survivre à ça, nos mères?

Je me suis posé cette exacte question il y a deux jours, en mangeant au petit parc portugais avec ma-mère-la-grande-guerrière-de-cinq-pieds-deux, qui riait de bon cœur en nourrissant les pigeons avec des bouts de son kefta (!).

Récemment, ma mère m'a dit: «Un jour, ça devient très clair. On peut choisir de vivre ou de mourir.»

J'ai lu un jour qu'il n'existe pas de mot en français, ni dans aucune autre langue d'ailleurs, pour nommer cet état hors nature: être un parent qui survit à la mort de son enfant. Pas d'équivalent parental du mot «orphelin». Peut-être parce que cette douleur-là échappe au langage, tant elle prend le cours normal de l'existence à rebrousse-poil?

«J'ai choisi de vivre.»

Je n'ai pas d'enfant, je ne sais pas ce que c'est qu'être mère (et pourtant je n'arrive même pas à m'imaginer ce que serait le reste de mon existence s'il arrivait quelque chose à la fille de mon chum). Toi qui es mère de deux garçons et qui as vu ta mère survivre à la mort d'un fils, est-ce que tu y penses parfois?

Parfois, tu dis?
J'y pense constamment.
Ma grand-mère aussi a perdu des fils. Deux.
Il m'arrive de craindre une malédiction.
Dans ces moments-là, je deviens mauvaise, fiévreuse, je deviens puissante et désespérée, comme cette mère folle de deuil, dans *Proserpina*, dernière chanson de Kate McGarrigle, une variation sur le mythe de Perséphone. «*I will turn every field into stone*», menace la déesse de la Terre, si on ne lui rend pas sa fille disparue. «*I will take away every morsel to eat.*»
    Oui, que je me dis, c'est ce que je ferais aussi. J'arracherais tout, j'ouvrirais la Terre pour en extraire mon enfant.

Mais tu sais, je pense aussi que c'est un peu facile de dire ça. Je veux dire : ce n'est pas plus facile de tout arracher que de continuer à vivre.

Alors, toujours, j'entends ma mère : « J'ai choisi de vivre. »

Un choix qui n'amoindrit pas la douleur, qui ne banalise pas le deuil, qui ne lui enlève pas sa peau écorchée vive.

Mais un choix, tout de même.

Ce que j'essaie de dire, c'est que je survivrais, je pense.

Et que je ne trouve aucun réconfort dans cette idée.

Je fais des gâteaux

(épilogue)

Je FAIS DES GÂTEAUX.

J'en fais souvent.

Je ne compte plus les moules—ronds, carrés, à cheminée, texturés, miniatures, surdimensionnés—que je possède.

Je ne compte également plus les recettes essayées, ajustées, bonifiées, ratées, étudiées et réessayées pour parvenir à ce que j'appellerais un gâteau idéal.

Je fais des gâteaux, à tel point qu'une fois, il y a quelques années, un journaliste a écrit un article à mon sujet (à l'occasion d'une pièce qui, du reste, ne traitait pas du tout de pâtisserie) qui portait le titre : «Elle fait des gâteaux.» Je me souviens qu'en voyant son titre, sur le papier glacé du magazine, avec ma photo derrière, j'ai pensé : oui, voilà bien une chose que je peux dire que je *fais*, dans ma vie.

Certains appellent ça une passion.

Ce n'est pas faux.

Mais c'est aussi une névrose, dans laquelle—je le constate avec un égal mélange de fascination et d'effarement—s'incarne tout mon rapport à la maternité et, oserai-je ajouter, à l'identité.

Pour les fêtes d'anniversaire de mes fils, la bête prend toute son amplitude. Le gâteau ne peut pas se contenter d'être bon, ni d'être beau. Il doit être investi. Il doit prendre une forme particulière, parfois souhaitée ouvertement par le jubilaire («Cette année, je voudrais un gâteau en forme de Power Ranger!»), parfois (et ce sont les meilleurs) *devinée* par moi comme étant la forme souhaitée. Il y a alors l'élément de surprise, l'anticipation, le trac, le cœur qui bat fort comme à un premier rendez-vous.

Parce que mes gâteaux d'anniversaire, ce sont des lettres d'amour.

Fiévreuses, éperdues, anxieuses, épuisantes, exaltées.

Le temps perdu à courir jusqu'au boulevard Henri-Bourassa trouver les colorants spéciaux qui permettent un glaçage gris.

Les soirs passés à chercher des images sur l'internet, tard dans la nuit, pour comprendre tous les angles d'un robot de dessin animé et le reproduire le plus fidèlement possible.

Les heures gaspillées pour des réflexions stériles au sujet des meilleures façons de reproduire un sourire de Tchoupi (et y aller pour la réglisse noire, celle qui se vend enroulée en disque, difficile à trouver).

Les nuits aux yeux ouverts, à m'assurer que tout sur le gâteau serait comestible, *ce serait plus drôle comme ça, ce serait plus impressionnant, mais en même temps y a les allergies, tu sais que Jérémy, le petit Français dans le groupe du petit, est allergique aux pinottes, va falloir que je trouve autre chose pour faire les yeux, peut-être du chocolat blanc, est-ce que c'est très allergène, le chocolat blanc, chéri? Chéri, tu dors?*

Le temps, les soirs, les heures, les nuits.

Et chaque année, un nouveau gâteau.

Le matin de la fête, se lever comme une soldate. Avoir un peu l'impression de chercher à reproduire le jour de la naissance, les contractions à chronométrer, la valise à remplir, la route vers l'hôpital, le lancinant brouillard, l'arrivée chaude, exaltée, la chambre lumineuse au petit matin, le bébé minuscule dans les bras de son papa, tous les deux endormis, pendant que je regarde le jour de septembre se lever, avec Peter, Paul and Mary dans les oreilles, parfaitement consciente d'avoir remporté une sorte de guerre merveilleuse. «*500 miles, Lord I'm 500 miles from my home*»...

Sortir la farine, le sucre, les œufs, la vanille. Sucre glace, chocolat, beurre.

Y rester des heures.

Les mains, le front, le tablier, souillés.

Découper les formes, préparer les glaçages.

Graisser les moules, découper le papier parchemin, décider d'y aller à trois étages plutôt que deux. («Deux enfants? Pourquoi pas trois?», répond l'écho.)

Tout faire soi-même, les gâteaux les glaçages les caramels les sables pour imiter les planches de taekwondo.

Tout faire soi-même parce que sinon ça ne compte pas, sinon je n'aime pas comme je veux aimer, ou à tout le moins je crains qu'ils ne sachent pas que les aimer, c'est quelque chose que je *fais*, que je refais, que je m'obstine à répéter, que les aimer c'est m'épuiser et c'est me révéler tout à la fois, que les aimer c'est l'angoisse pure et la victoire constante, que les aimer c'est tout ce qui m'intéresse et c'est tout ce qui m'éreinte.

Il y a beaucoup de bonheur dans le geste. Un élan, une euphorie, une certitude d'être occupée à faire exactement ce que je devrais faire sur la Terre à ce moment précis. Et du même souffle, il y a la certitude de n'être pas à la hauteur, de savoir que dans l'émerveillement de mes fils devant leurs gâteaux de fête, il n'y a pas que de l'admiration pour mon «œuvre»; il y a surtout une envie de sucre, et il y a sans doute aussi, dans les recoins tendres de leur cœur, une certaine indulgence pour leur maman, une espèce de gêne émue devant tant d'*efforts*. Il m'arrive d'adorer cette imperfection des gâteaux, je continue d'ailleurs de me refuser à la confection de fondant pour les couvrir, même s'il offre des résultats beaucoup plus soignés. Je trouve le fondant médiocre au gout, je préfère la crème au beurre, la ganache, la meringue. Ça goute meilleur, c'est plus charnel. Il m'arrive, donc, d'être totalement en phase. Une fois n'est pas coutume. Je regarde le gâteau, robot ou docteur homard, bloc Lego ou sarcophage, et je me dis: «Voici celle que je veux être.» Tout ce que contient ce gâteau, tout ce qu'il évoque, tout ce qu'il a fallu faire pour qu'il existe, je le souhaite, je le désire, je m'en délecte.

Et alors, la maternité est un grand phare balayant les côtes de mon monde avec bienveillance et certitude.

Il m'arrive aussi d'être emprisonnée dans le doute, de maudire ma médiocrité, de trouver les gâteaux ridicules, narcissiques, d'avoir peur que les amis de mes fils rient d'eux à cause de moi et de les embarrasser avec mon imposition pâtissière. Je ne suis pas Mrs Brown, la mère désœuvrée au cœur du roman *Les heures*, de Michael Cunningham, mais dans ces moments-là, je la comprends.

> Elle voudrait avoir confectionné un gâteau qui chasse les chagrins, même momentanément. Elle voudrait avoir créé quelque chose de merveilleux; qui semblerait merveilleux même à ceux qui ne l'aiment pas. Elle a échoué. Elle aimerait ne pas y accorder d'importance. Il y a quelque chose d'anormal chez elle, se dit-elle.

Dans le roman, elle se fait cette réflexion après avoir confectionné un gâteau d'anniversaire qu'elle jette ensuite aux poubelles, insatisfaite et dégoutée par son imperfection. Puis, elle en fait un autre, qu'elle conserve, tout en restant insatisfaite.

Mais ensuite le gâteau est terminé.

Et il faut y ajouter des chandelles.

Et on chante, et on souffle les bougies, et on se souvient.

Du mystère de la vie annoncée. Des tempêtes de la naissance. Des «*500 Miles*» qui nous séparent parfois du monde, de nos enfants, de nous-mêmes. De leurs maladies et de leurs larmes.

On se souvient: *Calm the fuck down*. On se souvient de notre joie, de nos mères orphelines. On se souvient que rien ne dure.

On se souvient de toutes les tranchées.

Et pendant un moment *(Perhaps moments, now, are all there is)*, tout est *bon*.

Tout est si bon.

À propos de l'auteure

Fanny Britt est auteure, traductrice, scénariste et mère de deux enfants de pères différents (oui, elle est ce genre-là). On lui doit entre autres les pièces *Couche avec moi (c'est l'hiver)* et *Bienveillance*, le roman graphique *Jane, le renard et moi* (avec Isabelle Arsenault) et une quinzaine de traductions théâtrales. Elle aimerait peut-être un troisième enfant, mais un troisième enfant ne l'aimerait peut-être pas.

Remerciements

Merci d'abord à Nicolas Langelier et à Marie-Claude Beaucage pour leur œil clair et leur enveloppante confiance, si précieuse.

Merci aux collaboratrices pour la générosité, l'impudeur, la franchise bien frontale, qui remue et qui est nécessaire.

Merci aux anonymes, amies surtout, qui ont nourri les autres récits. Vos cœurs et le mien sont attachés ensemble avec de la grosse ficelle drue.

Merci à ma mère, parce qu'écrire sur la maternité, c'est beaucoup écrire sur elle, et c'est aussi s'émerveiller de voir le chemin qu'elle a tracé.

Enfin, merci à Samuel, Darius et Hippolyte, qui sont ma patrie, mon île, ma planète, et qui donnent un sens à tout.

Les titres de la collection **Documents**

La juste part
Repenser les inégalités,
la richesse et la fabrication des grille-pains
David Robichaud et Patrick Turmel
2012

01

Année rouge
Notes en vue d'un récit personnel
de la contestation sociale au Québec en 2012
Nicolas Langelier
2012

02

Le sel de la terre
Confessions d'un enfant de la classe moyenne
Samuel Archibald
2013

03

Les tranchées
Maternité, ambigüité et féminisme, en fragments
Fanny Britt
2013

04

Achevé d'imprimer par Marquis Imprimeur
à Louiseville, Québec, en novembre 2013.

Ce livre a été imprimé sur du papier Rolland Enviro100,
contenant 100% de fibres postconsommation, fabriqué au
Québec par Cascades à partir d'énergie biogaz et certifié
FSC Sources mixtes et ÉcoLogo.